Derrière le voile

Nahida Nakad

Derrière le voile

Don Quichotte éditions

www.donquichotte-editions.com

ISBN : 978-2-35949-141-8

À mon fils Alexandre... toujours.

Introduction

Le jour de son entretien d'embauche à Monte-Carlo Doualiya[1], Samira[2] se lève tôt, lave ses cheveux et les sèche en les lissant bien. Elle se regarde plusieurs fois dans le miroir, enfile une chemise à manches longues puis voile sa chevelure. Elle quitte ensuite la Maison des journalistes, où elle vit, pour la Maison de la radio. Arrivée sur le pont de Grenelle, elle s'arrête, retire son hijab et entame la traversée : « D'un coup, j'ai senti le vent dans mes cheveux ; ce fut une sensation très étrange. Ce n'était ni désagréable ni agréable. Je marchais et regardais les gens sur le pont, persuadée qu'ils savaient tous que je venais d'ôter mon voile. J'essayais de détecter dans leur regard s'ils m'avaient vue le faire, et ce qu'ils pensaient de moi. Je me sentais toute nue ! »

Toutefois, le stress du test et la volonté de le réussir

1. Radio française publique qui diffuse en langue arabe et qui fut, jusqu'à l'ère de la télévision satellitaire, une des stations les plus écoutées et les plus respectées du monde arabe.

2. Samira est un pseudonyme. La jeune femme a souhaité rester anonyme.

prennent vite le pas sur la gêne de sortir « dénudée ». Ce sont ces sentiments-là qui l'animent quand elle se présente à l'agent de sécurité, porte F de la Maison de la radio. Mais une fois dans les locaux de Monte-Carlo Doualiya, elle scrute chaque journaliste pour déceler si l'un d'eux la reconnaît ou sait qu'habituellement elle est voilée.

Après avoir passé le test dans un bureau loin des regards, elle en ressort furtivement, quitte les lieux et remet aussitôt son foulard. Si elle n'est pas acceptée, songe-t-elle, elle n'a aucune raison de se découvrir plus longuement la tête. Elle traverse à nouveau le pont, dans la direction opposée.

Samira fut finalement engagée en juin 2010 comme secrétaire de rédaction, ce qui, à Monte-Carlo Doualiya, correspondait à un poste d'assistante de rédaction. Trois ans plus tard, personne, parmi les employés du huitième étage de la Maison de la radio, ne connaissait sa véritable histoire. Peut-être que personne ne la lui avait demandée. Quant à moi, qui alors occupais la fonction de directrice générale de la radio, je l'avais apprise par hasard et j'avais gardé le secret.

Samira était une jeune femme humble, serviable et professionnelle. Son travail consistait à aider les journalistes et les présentateurs à trouver des intervenants pour le journal parlé, à contacter les correspondants et les mettre à l'antenne, à poser des questions aux spécialistes et à couper proprement les extraits d'interviews ou de discours avant de les diffuser. Un travail indispensable, certes quelque peu ingrat, mais Samira a accepté le poste. Même si elle régressait professionnellement par rapport à son statut de reporter en Algérie, elle avait conscience qu'en France les opportunités de pouvoir exercer son métier de journaliste étaient rares. C'est pour cette raison que, trois ans plus tôt, non sans réflexions contradictoires, elle avait décidé d'ôter son foulard avant de se présenter à l'entretien d'embauche.

À l'époque, j'avais reçu brièvement dans mon bureau cette jeune femme maigre aux longs cheveux noir charbon et qui baissait souvent les yeux, parlant peu. Pas exactement le profil que l'on attend d'une journaliste, et pourtant, j'avais voulu lui donner sa chance.

Samira était réfugiée politique. À son arrivée à Paris, à l'instar de ses collègues persécutés dans leur pays pour avoir soulevé des débats embarrassants pour les pouvoirs en place, elle avait été accueillie à la Maison des journalistes, dans le quinzième arrondissement. Les journalistes étrangers pouvaient y séjourner pendant six mois, le temps de se mettre en règle et, si possible, de se faire engager dans une entreprise. Les six mois s'étaient écoulés pour Samira, et la France rechignait toujours à lui accorder le statut de « réfugiée politique » : n'étant pas inquiétés par un État, les Algériens directement menacés par des groupes radicaux devaient faire des pieds et des mains pour que ce statut leur soit attribué.

Il était donc urgent de trouver un travail à Samira, menacée d'expulsion et d'un retour certain en Algérie. Danièle Ohayon, journaliste à France Info et cofondatrice de la Maison des journalistes, m'avait expliqué qu'à Alger Samira était une journaliste professionnelle maîtrisant parfaitement l'arabe ; à aucun moment elle n'avait mentionné son hijab. Ce n'est qu'au bout de plusieurs mois – Samira avait signé un contrat à durée indéterminée, avec permis de travail – que Danièle évoqua avec moi le sujet au cours d'un déjeuner :

« Ça ne t'a pas gênée qu'elle porte le voile ? m'avait-elle soudain demandé.

— Mais Samira ne porte pas de voile... »

C'est ainsi que j'appris que cette jeune journaliste était voilée.

Quatre mois après avoir quitté mes fonctions et alors que je ne voyais plus grand monde de la radio, j'appelai Samira pour lui proposer un rendez-vous. Elle fut d'abord surprise : toutes deux avions eu peu de contacts ; et si nos rapports avaient été courtois, ils étaient demeurés formels. Je lui précisai alors que j'écrivais un livre et que j'avais besoin de son témoignage. Elle arriva chez moi à dix heures du matin le 8 février, après une nuit de travail. J'avouai connaître son secret et lui dis mon intérêt pour le sujet du voile et les raisons qui conduisent certaines femmes à le porter alors même qu'elles vivent dans un pays laïc. Toujours aussi douce et effacée, Samira découvrit sa vraie personnalité, forgée par des années de combat.

« Oui, à l'époque j'étais voilée, et quand Dolly, ton assistante, m'a demandé de venir passer le test à la radio, je me suis dit que je devais enlever mon voile. C'était la loi et je devais la respecter.

— Mais la loi française ne l'interdit pas dans une radio publique... »

Elle m'a regardée un moment, surprise, avant de rétorquer :

« Vous m'auriez embauchée si j'avais porté le voile ?

— Non, certainement pas. »

En prononçant ces mots, je me sentis injuste, intolérante, comme si j'étais arrivée à un point d'achoppement : la défense des valeurs françaises et notamment de la laïcité pure et dure autorisait-elle l'ostracisme d'une femme dont le seul crime était de se couvrir les cheveux ? Moi qui connaissais la culture arabe et avais rencontré de nombreuses femmes voilées, avais-je raison de fermer la porte à une journaliste telle que Samira ? En position de recruter et de relancer la carrière d'une réfugiée politique algérienne, avais-je le droit de lui barrer la route parce qu'elle portait le foulard – fût-ce par obligation ?

Cette femme qui se tenait devant moi, avec ses beaux cheveux noirs noués en queue-de-cheval, était exactement la même que celle qui les couvrait avant sa convocation à la radio. Je regardai Samira avec reconnaissance et lui souris affectueusement. Par chance, elle avait décidé d'elle-même d'ôter son foulard : je ne me serais jamais pardonnée de lui avoir refusé le poste.

Lorsque je voulus savoir si elle se sentait plus libre, plus heureuse, plus forte, à présent qu'elle n'était plus voilée, elle me répondit simplement : « La seule différence, c'est que les gens me parlent plus gentiment. » Elle se souvint, à l'époque où elle se rendait au ministère de l'Intérieur pour faire établir ses papiers, qu'une jeune femme quittait la pièce dès qu'elle s'approchait pour solliciter un renseignement. La fonctionnaire semblait l'éviter pour ne pas avoir à traiter sa demande. Au début, cette attitude lui avait fait mal, puis elle en avait pris son parti. « Même à la Maison des journalistes, je ne parlais qu'avec les musulmans parce qu'ils ne trouvaient pas bizarre que je sois voilée. Tous avaient déjà eu des contacts avec des femmes voilées et voyaient bien que j'étais tolérante, contrairement à ceux qui n'osaient pas ou ne voulaient pas me parler parce qu'une femme voilée, à leurs yeux, est forcément une intégriste. »

Pourtant, un jour de décembre, tout change. À la Maison des journalistes, on prépare les fêtes de Noël. Samira est chargée de décorer le sapin et s'y attelle tout naturellement, avec enthousiasme et hijab. Un de ses collègues s'arrête devant elle et dit aux autres : « Regardez cette image, elle ferait le tour du monde ! Un beau symbole d'ouverture ! » Ceux qui ont vécu dans des pays musulmans – j'en fais partie – savent qu'il n'y a rien d'étrange ni de particulièrement insolite à fêter Noël bien qu'on soit musulman. Il a pourtant fallu le geste, innocent mais symbolique, de Samira pour changer le jugement et le comportement de ses confrères. Ils se sont alors rapprochés d'elle et ont pu découvrir une femme, certes pudique, mais ouverte et bienveillante. Une exception, néanmoins, à leurs yeux, comme le révèle une petite phrase prononcée le soir du réveillon : « On a vu que tu n'étais pas comme les autres musulmanes. » Samira a souri sans faire de commentaire, heureuse d'avoir brisé une première barrière. Dans la tête de ses collègues, elle représentait pourtant une exception qui confirme la règle des autres femmes voilées – assurément soumises ou intégristes, ou les deux à la fois.

Or Samira n'est pas une exception. Son histoire, la même que celle de nombreuses autres femmes en France, me semble introduire de manière appropriée cet ouvrage sur le voile, et voici pourquoi. Samira est née dans les années 1970 et a grandi en Algérie[1], dans une famille nombreuse – quatre garçons et six filles, dont deux ont choisi de se voiler. La maman se couvrit la tête à l'époque où les islamistes commencèrent à influencer profondément la société algérienne. Avant cela, elle portait des jupes courtes et, sur la plage, un maillot de bain.

Dans les années 1980, les salafistes[2] se mirent en effet à tourmenter les femmes qui ne cachaient pas leurs cheveux. Certaines furent contraintes de porter le hijab par peur de représailles, d'autres pour éviter d'avoir des problèmes – notamment pour travailler ou suivre des études supérieures sans être harcelées par les hommes. D'autres encore le firent en réaction

1. L'Algérie indépendante se voulait sociale, progressiste, arabe et musulmane mais pas intégriste. Dans les années 1970, elle a connu de grandes réformes industrielles et agraires, ainsi que la nationalisation des hydrocarbures (1971), qui ont participé à la construction du pays depuis son indépendance en 1962. La bourgeoisie, comme dans beaucoup d'autres pays arabes, restait cependant fortement occidentalisée.

2. Le salafisme est un courant de pensée fondamentaliste qui préconise un retour aux valeurs originelles de l'islam : ses adeptes reproduisent les comportements et le mode de vie du Prophète et de ses premiers compagnons tels que décrits dans les hadiths (recueil des actes et des paroles de Mahomet).

à l'occidentalisation de la société et par rejet de l'ancienne puissance coloniale, en guise de message politique. Samira et ses camarades de l'université d'Oran refusèrent quant à elles de se voiler.

Pourtant, les salafistes entraient régulièrement dans les amphithéâtres et menaçaient des pires violences les étudiantes qui ne portaient pas le voile ; à tel point qu'elles étaient terrorisées à l'idée que l'on puisse les asperger d'acide et les défigurer. Parfois, des bombes étaient même posées dans les trains qui transportaient les jeunes filles à la faculté pour les en dissuader. Malgré tout, malgré la peur, plus les menaces étaient fortes et plus les étudiantes, dont Samira, opposaient une résistance. Elles s'habillaient à l'occidentale pour défendre leur liberté et leurs choix et tenir tête aux « barbus ».

À ce moment-là, se souvient Samira, même celles de ses amies qui auraient pu porter le voile par simple pudeur ou par respect du culte musulman refusèrent de se plier au diktat des extrémistes. Elles auraient pu choisir le voile mais n'acceptaient pas de se soumettre à des hommes aux propos obscurantistes visant à instaurer un islam radical et dont les premières victimes seraient les femmes.

Il n'est donc pas surprenant qu'au milieu des années 1990, lorsque les intégristes eurent perdu la bataille politique en Algérie, de nombreuses femmes choisirent librement, et donc d'elles-mêmes, de se couvrir.

« Beaucoup de filles comme moi ont décidé de se voiler, assure Samira. Parce qu'à ce moment-là c'est nous qui choisissions de le porter et non la peur qui nous faisait capituler.

— Mais pourquoi cette décision, à l'âge de vingt-cinq ans ?

— Pour pouvoir exercer mon métier sans être importunée. Régulièrement, je réalisais des reportages dans les bleds. Si tu t'y rends habillée en jean et la tête nue, les gens ne te parlent pas. C'est considéré comme irrespectueux et impudique de ne pas cacher ses cheveux. Alors je me suis adaptée. C'était pour moi comme porter un uniforme.

— On ne peut donc parler d'un vrai choix.

— En effet, c'était peut-être une nécessité, mais le jeu en valait la chandelle. »

Samira avait donc mis le voile pour exercer son métier, puis l'avait enlevé, vingt ans plus tard, pour les mêmes raisons.

« Et la religion dans tout cela ?

— De nombreuses femmes portent le hijab pour des raisons autres que religieuses. Souvent, pour préserver une distance entre elles et les hommes ou parce que c'est la mode et que cela peut être joli. Si j'avais porté le voile pour des raisons religieuses, je ne l'aurais pas enlevé pour travailler en France. Mais cela, ajoute-t-elle, je ne le dis qu'à toi. Peu de gens peuvent le comprendre. »

Ce que l'histoire de Samira indique – il faut en avoir conscience quand on aborde la question –, c'est qu'il n'y pas *un* mais *des* voiles : religieux, culturel, politique, etc. Les raisons pour lesquelles, aujourd'hui en France, on porte le voile sont multiples et, pour certaines, contradictoires. Par conséquent, pour celles et ceux qui aspirent à convaincre les femmes et les jeunes filles d'enlever leur voile, le discours péremptoire et simpliste, à l'image de celui qu'on a coutume d'entendre, ne suffira pas.

Si elle n'avait pas ôté son hijab, Samira n'aurait pas été engagée comme journaliste et aurait peut-être été contrainte de quitter la France et de retourner dans son pays, où sa vie était menacée. Il lui a fallu du courage et une certaine abnégation pour prendre cette décision. Une de ses amies, par ailleurs non voilée, le lui a reproché un jour : « Comment as-tu pu renoncer à tes convictions pour avoir un job ? » De fait, à la place de Samira, certaines, par piété, refusent de transiger ou bien n'osent pas, craignant le regard de leur entourage. Elles sont souvent empêchées d'exercer leur métier – tel le journalisme mais pas seulement – qui a pourtant une importance fondamentale pour la société en général, et pour les femmes musulmanes en particulier. Seuls le travail et l'indépendance économique peuvent leur permettre de contrer l'interprétation patriarcale du Coran sur le voile et s'en libérer – si c'est leur volonté. Pourtant, certains suggèrent d'esquiver le dialogue et de s'en référer à une loi qui interdirait purement et simplement le voile en France ; de leur point de vue, les femmes « incitées » à le retirer s'épargneraient un dilemme moral tout en s'intégrant et en s'épanouissant dans notre société. À mon sens, il s'agit là d'une grave erreur, car, au nom d'une conception restreinte et bornée de la laïcité, et sous couvert d'un féminisme délimité, nous prenons le risque de stigmatiser et de mettre sur la touche du terrain démocratique une population qui vit de plus en plus dans ce qu'elle définit elle-même comme un ghetto, où le voile fait maintenant partie du paysage et des mœurs.

Si je publie ce livre, aujourd'hui, en France, c'est que ces questions surgissent dans le débat public avec régularité et passion, peur et violence. Ces dernières années, la pression médiatique pour trouver une solution politique au problème s'est largement accrue. Au point d'aboutir à une impasse. Le dialogue est en effet quasiment rompu entre les adeptes de l'interdiction totale du voile dans les lieux publics et (parfois) privés, au nom de la cohésion nationale et de la laïcité, et les défenseurs du droit de le porter au nom de la liberté de culte et du respect de la différence culturelle. C'est même avec les poings que les arguments finissent par s'échanger. De toutes parts, force est de constater que rares sont celles et ceux qui abordent le sujet dans le calme et sans idées préconçues. Trop souvent, les discours frôlent l'intégrisme et le racisme, les invectives fusent, toute pudeur bue. Trop souvent, on assiste à des débats agités et peu constructifs entre responsables d'associations, plus ou moins proches de l'UOIF[1], intellectuels et féministes françaises férocement opposés au voile – quel qu'il soit. Trop souvent, leurs échanges se révèlent violents et peu respectueux du droit à la différence d'opinion.

Alors, loin du bruit et de la colère, j'ai ressenti l'urgence d'aller à la rencontre des associations,

1. Union des organisations islamiques de France : organisation la plus influente dans l'Hexagone, l'UOIF enseigne un islam rigoriste et politisé.

d'écouter les expériences personnelles, d'examiner les études sociologiques, de confronter les réflexions de spécialistes arabes, français et anglo-saxons laïcs et religieux, de pointer les étapes qui ont abouti à la radicalisation des positions sur le voile ; ce, afin de rassembler un maximum de clefs comme autant de fondamentaux indispensables à un dialogue apaisé et constructif. Dans le but de dépassionner le débat, j'ai aussi voulu entendre les musulmans non partisans, ceux qui n'ont pas de projet politico-religieux ou d'intérêt personnel à défendre une position plutôt qu'une autre. Des femmes capables d'expliquer leurs choix en toute sérénité – ce qui est assez inédit car, excepté les militantes pro-hijab, rares sont les musulmanes voilées qui acceptent d'aborder la question publiquement. Enfin, je suis allée regarder du côté des personnalités politiques qui ont joué et continuent de jouer un rôle dans la gestion des « affaires du voile ».

Depuis plus de trente ans que l'on se déchire autour du foulard, ce livre ne suffira certes pas à mettre tout le monde d'accord. Mais son ambition est d'abord de pacifier le débat, depuis trop longtemps transformé en dialogue de sourds, en répondant à des questions simples et fondamentales. Comment les musulmanes de France apprennent-elles leur religion ? Le voile est-il obligatoire ? Et est-il réellement un symbole de soumission ? Que dire, dans ce cas, du féminisme musulman ? Que signifie, par ailleurs, la laïcité dans les pays arabes ? J'ai tenté d'apporter les informations les plus claires, les plus fiables, les plus impartiales, notamment sur le rapport au foulard de la France à travers l'histoire, depuis la colonisation.

On a eu beau légiférer de crise en crise et non sans un certain opportunisme, le bilan des politiques aujourd'hui n'est pas encourageant : la vue d'une femme voilée continue d'en hérisser plus d'un, toute une communauté se trouve stigmatisée et l'intégrisme musulman, bien que minoritaire, n'a pas faibli – au contraire, il en a profité.

Dans l'inconscient de certains, l'islam est devenu potentiellement dangereux et le foulard une sorte de déclaration de guerre (ce qu'il n'est pas). Cette stigmatisation et cette mise à l'écart, ainsi que les crises à répétition qu'elles engendrent, assez mal gérées par les autorités, ont été instrumentalisées par les Frères musulmans et les salafistes, qui recrutent les plus vulnérables.

Tel est le dilemme de notre société : si certaines pratiques, dont le voile, sont contraires aux valeurs républicaines, leur interdiction l'est tout autant. Il nous faut donc trouver un équilibre entre l'exigence de la laïcité, un des principaux piliers de la République française, et la réalité multiculturelle et multiconfessionnelle de la France aujourd'hui. Ce n'est sûrement pas en imposant, avec force décrets, une conception restreinte et exclusive de la laïcité, une sorte d'« ordre moral », que nous vivrons ensemble en paix. J'espère être parvenue, en écoutant des femmes et des hommes, en éclaircissant des faits et en rapprochant des idées, à dessiner quelques pistes pour sortir de l'impasse et ouvrir un nouveau dialogue.

Le voile est-il obligatoire ?

Le hijab, littéralement la « barrière », la limite à ne pas franchir, est un des multiples termes qui désignent le tissu avec lequel les femmes musulmanes couvrent leurs cheveux ; c'est aussi celui qui exprime le mieux sa fonction. Mais, quand on dit voile islamique, de quoi parle-t-on précisément ? Du hijab, du niqab, du jilbeb, du tchador ou de la burqa ? Quelle est la différence entre ces voiles ?

Le hijab est un foulard qui couvre les cheveux, une partie du front et les oreilles. C'est celui que l'on rencontre le plus souvent. Il peut être de toutes les couleurs ; les femmes et les jeunes filles le portent généralement par piété, par pudeur mais aussi parce qu'il est devenu à la mode ces dernières années.

Le jilbeb, un hijab qui recouvre les épaules et la poitrine, est porté avec une longue tunique très ample. C'est une version plus traditionnelle, loin de tout effet de mode ; l'affirmation d'une plus grande piété.

Le tchador vient du persan *chādar*, qui signifie « voile » ou « drap ». Ce vêtement large et noir recouvre le corps, à l'exception du visage et des mains. Il est principalement porté en Iran.

Le niqab, appelé aussi « voile intégral » en France, ressemble au tchador : il est noir et camoufle toute la silhouette, le visage pareillement, ne laissant apparaître que les yeux. Les femmes qui le portent habillent aussi leurs mains de gants noirs. Seules les musulmanes intégristes, souvent salafistes, revêtent le niqab. Elles sont très peu nombreuses en France.

La burqa, que l'on a tendance à confondre avec le niqab, vient quant à elle d'Afghanistan et décrit un habit bleu clair, ou noir, qui cache l'intégralité du corps et du visage. Portée également au Pakistan et en Inde, la burqa comprend un grillage en tissu qui tombe sur les yeux. Si bien que ce vêtement, qui a succédé au traditionnel *tchadri* il y a une vingtaine d'années sous la pression des talibans afghans, enferme les femmes de manière plus totale et les empêche de bien distinguer l'extérieur.

Dans cet ouvrage, nous avons choisi d'évoquer essentiellement le hijab, qui couvre les cheveux et laisse apparaître le visage, désigné dans les médias par les termes « foulard islamique » ou « voile islamique » afin de le différencier du carré que portent les Occidentales pour protéger leurs cheveux ou aller à la messe. Il est le moins couvrant de tous les voiles, et celui qui a provoqué en France les polémiques les plus passionnées. Les jeunes filles ou les femmes qui le portent sont persuadées qu'il est obligatoire mais qu'il ne les empêche pas de faire toutes les activités scolaires ou professionnelles habituelles ; une bonne partie de l'opinion avec, au premier rang, les féministes, estiment qu'il symbolise la soumission de la femme.

Il est communément admis que la burqa et le niqab ne sont pas obligatoires en islam, en ce sens qu'ils ne se fondent sur aucune prescription coranique. En effet, la quasi-totalité des religieux et des islamologues expliquent que ces voiles-là sont des déviations qui n'ont rien à voir avec la religion musulmane, mais plutôt avec une vision séculaire intégriste et radicale de l'islam. Youssef al-Qaradawi[1], pourtant connu pour ses positions conservatrices, a ainsi déclaré : « La majorité des savants musulmans et moi-même ne soutenons pas le port du niqab avec lequel les femmes se couvrent le visage… Néanmoins, nous respectons les femmes qui le portent si elles pensent que ceci les rapproche d'Allah[2]. »

L'éminent savant musulman indien Maulana Wahiduddin Khan, qui a rédigé plus de deux cents livres sur l'islam, a pour sa part affirmé : « La burqa ne fait pas partie de l'islam mais de la culture, cette culture qui est celle du peuple du sous-continent depuis des siècles. Personne ne peut imposer un code vestimentaire au nom de l'islam. C'est catégoriquement non islamique[3]. »

Quant à Tariq Ramadan, intellectuel proche des

1. Youssef al-Qaradawi est un homme religieux d'origine égyptienne, musulman sunnite. Il est le président de l'Union internationale des savants musulmans (*oulémas*), membre de la confrérie des Frères musulmans ainsi que président du Conseil européen pour la recherche et la fatwa.

2. « Al-Qaradawi says wearing niqab not mandatory », gulfnews.com, 5 novembre 2006.

3. « Indian Islamic schofar : "Burqa is not part of islam, it is part of culture." », *Hyscience,* 7 septembre 2009.

Frères musulmans, il condamne le port de la burqa, qu'il estime être un « problème » pour la femme et pour son « autonomie et sa dignité de personne[1]. »

En revanche, la question se pose plus sérieusement en ce qui concerne le foulard : est-il une obligation, une prescription coranique, pour les musulmanes ?

C'est précisément cette interrogation qui agite les débats entre « pro et anti-voile ». La réponse n'est pas si simple : « oui » pour les pratiquants qui se fondent sur l'avis des *oulémas* les plus en vue, « non » pour ceux qui interprètent différemment les versets du Coran, et notamment le verset 31 de la sourate dite de « La Lumière », laquelle fait référence à la tenue vestimentaire des femmes musulmanes :

« Et dis aux croyantes de baisser leurs regards, de garder leur chasteté, et de ne montrer de leurs atours que ce qui en paraît et qu'elles rabattent leur voile sur leurs poitrines ; et qu'elles ne montrent leurs atours qu'à leurs maris, ou à leurs pères, ou aux pères de leurs maris, ou à leurs fils, ou aux fils de leurs maris, ou à leurs frères, ou aux fils de leurs frères, ou aux fils de leurs sœurs, ou aux femmes musulmanes, ou aux esclaves qu'elles possèdent, ou aux domestiques mâles impuissants, ou aux garçons impubères qui ignorent tout des parties cachées des femmes[2]. »

Dans ce verset, il n'est pas énoncé ce que la femme doit cacher exactement. Que sont les atours ? Les parties intimes, le visage, les cheveux – ce qui fait

1. « Tariq Ramadan contre la burqa et contre la loi », leparisien.fr, 12 janvier 2010.

2. Coran, sourate 24 « An Nur » (« La lumière »), verset 31.

dire aux islamologues progressistes, tel le Tunisien Mohamed Talbi, que le foulard n'est pas une obligation. Talbi va plus loin dans l'un de ses articles : « Que dit le Coran sur le voile ? Rien. Mais strictement rien. Nulle part, il n'est question de la tête de la femme. Le mot "cheveux" (*sha'ar*) n'y existe tout simplement pas. Dieu ne dit ni de les couvrir ni de les découvrir. Ce n'est pas Sa préoccupation principale, et Il ne fit pas descendre le Coran pour apprendre aux gens comment se vêtir. Le terme *ash'âr* n'y intervient qu'une seule fois (XVI, 80) pour désigner le poil de certains animaux domestiques. Rien, donc, dans le Coran, ne dit aux femmes explicitement de se couvrir les cheveux[1]. »

Le Syrien Mohamed al-Shahrour, une autre autorité en la matière, islamiste respecté et ingénieur de formation, a mené une étude linguistique et scientifique du Coran et rappelle que la langue dans laquelle le Livre a été révélé – l'arabe de Qoreish, la tribu du Prophète – est considérée comme la plus pure, la plus riche et la plus précise. Et si Dieu, selon Shahrour, avait voulu que les femmes couvrent leurs cheveux, la prescription aurait été notifiée et ce, dans des termes extrêmement précis. Pourtant, ajoute-t-il, les textes relatifs au voile ne sont pas clairs. Al-Shahrour a des mots très durs à l'encontre des défenseurs du port du hijab : « Le voile est un message politique à destination de l'Occident. Comme nous avons été incapables d'offrir quoi que ce soit à l'Occident sur

1. Mohamed Talbi, « Que dit le Coran sur le voile ? L'islam n'est pas le voile », *Jeune Afrique*, mars 2004.

le plan moral ou technologique ou scientifique, alors nous avons trouvé le hijab qui existe chez nous et pas en Occident et en avons fait une valeur. Nous l'avons politisé pour nous distinguer [des Occidentaux[1]]. »

À l'instar de Mohamed al-Shahrour, de plus en plus d'islamologues modernes, et notamment des femmes telles la sociologue et féministe marocaine Fatima Mernissi ou le professeur Asma Barlas, appellent à ce que désormais la jurisprudence islamique se fonde sur le Coran et non pas sur ses interprétations (*tafsir*) – faites par des hommes à l'opinion arrêtée sur ce que doit être la place de la femme dans la société. Ces islamologues modernes assurent haut et fort que le Coran n'oblige pas *spécifiquement* les femmes à porter le hijab. Fatima Mernissi estime que le hijab est une question sociale, que la société patriarcale en Orient, comme en Occident à une autre époque, cherche à travers le voile à donner aux femmes un sentiment de gêne, ou de honte, par rapport à leurs corps. De son côté, Asma Barlas ne voit rien à redire à celles qui le choisissent pour des raisons identitaires, tant que nul ne les contraint. Selon elle, le Coran laisse aux femmes leur libre arbitre – ce que la société patriarcale, au contraire, veut leur soustraire.

Seule certitude dans les textes sacrés : une femme ne doit pas attirer sur elle le regard ; sous-entendu : pour ne pas provoquer le désir de l'homme. Tout comme il est également demandé aux hommes de « baisser les yeux et de contenir leur sexe[2] » en présence d'une

1. shahrour.org/?p=1424
2. Coran, sourate 24 « An Nur » (« La lumière »), verset 30.

femme. Les engagements et la responsabilité sont donc théoriquement partagés.

Cependant, ces appréciations et/ou interprétations modernistes restent minoritaires et la plupart des religieux prêchent plus volontiers en faveur du voile. Ils interprètent le Coran de manière différente et s'inspirent de ce qui est rapporté dans les hadiths, même si, de l'avis de tous, ces recueils des paroles et des actes du prophète Mahomet n'est pas aussi fiable que le Coran sur le plan théologique.

Selon la tradition musulmane, c'est l'ange Gabriel qui a révélé à Mahomet la parole divine d'Allah – le Saint Coran – vingt-trois années durant. Après chaque révélation, le Prophète dictait à son tour sourates et versets à un groupe restreint de compagnons, instruits et fiables, pour transcrire cette révélation – transcription effectuée du vivant du Prophète. Quant aux hadiths, ils ont été rapportés par tous ceux qui ont vu le Prophète agir de telle manière ou tenir tels propos. Ses paroles et gestes ont été transcrits principalement après sa mort, et sur une période d'environ deux cents ans (même si certains imams défendent une version selon laquelle ils auraient été transcrits de son vivant). Les musulmans se devant de prendre exemple sur le Prophète, les hadiths ont parfois revêtu la valeur de commandements, suscitant maints débats entre *oulémas* (« savants dans la science des religions »), imams (« qui dirigent la prière ») et cheikhs (« sages musulmans ») : les uns, conservateurs, tirent des hadiths les textes les plus restrictifs, alors que les autres, progressistes, les contestent.

Parmi ces conversations restituées du Prophète,

certaines ne sont pas authentifiées mais tout de même enseignées dans les sociétés musulmanes et considérées comme des paroles de Dieu. D'après le hadith intitulé « Combien de beauté la femme peut-elle exhiber[1] », une femme se serait un jour présentée au Prophète légèrement vêtue. Mahomet aurait alors détourné le regard, et dit : « Quand une femme atteint l'âge de la puberté, il n'est pas convenable qu'elle montre des parties de son corps, à l'exception de cela et cela », indiquant, d'un geste, les mains et le visage. Il existe une autre interprétation sur l'obligation du foulard : à la suite de rumeurs désobligeantes qui circulaient sur Aïsha, sa plus jeune épouse, accusée d'avoir eu une aventure avec un autre homme, le Prophète aurait demandé à ses compagnes de se couvrir les cheveux afin de les distinguer des autres femmes.

Toujours est-il que le doute subsiste sur le caractère obligatoire du hijab. Pourquoi, alors, les femmes musulmanes sont-elles si nombreuses à croire que le port du voile est un ordre divin ? La réponse réside dans le consensus (*ijma'*) des *oulémas* sunnites[2] : la majorité d'entre eux, y compris les plus modérés, ont exprimé leur conviction que le voile était bien une recommandation divine.

1. hadithcollection.com, Abu Dawud, Book 027, hadith numéro 4092, http://hadithcollection.com/abudawud/259-Abu%20Dawud%20Book%2027.%20Clothing/17833-abu-dawud-book-027-hadith-number-4092.html

2. La notion de consensus est contestée par les diverses écoles juridiques mais les *oulémas* sunnites étant majoritaires, les fidèles suivent leurs avis sur le hijab.

Les *oulémas* exercent une influence considérable sur les sociétés arabo-musulmanes. C'est leur interprétation de la *chari'a* qui est appliquée et, en ce sens, ils détiennent un pouvoir parallèle à celui des responsables politiques et des monarques. Beaucoup de dirigeants arabes les craignent et/ou s'en servent comme d'une caution. Le plus célèbre, et vraisemblablement le plus influent, est Youssef al-Qaradawi. Ce religieux égyptien, très proche des Frères musulmans, est connu pour ses prêches sur la chaîne télévisée Al-Jazeera et dans d'autres médias arabes. Il parle souvent du voile comme d'une « obligation », même s'il souligne que l'islam peut tolérer certaines exceptions ponctuelles pour les femmes qui vivent dans des sociétés laïques et hostiles aux signes religieux. Al-Qaradawi est président de l'Union internationale des savants musulmans (*oulémas*), une responsabilité qui lui confère une autorité religieuse que d'autres n'ont pas, et dont il profite pour faire autant de politique que de théologie. Cet *alim* est particulièrement intéressant dans la mesure où il s'est spécialisé dans les conseils aux musulmans vivant en Occident. Nombreux sont les musulmans en Europe qui sollicitent son avis et écoutent ses recommandations.

Un de ses « rivaux », Ahmed al-Tayeb, est le mufti de l'université d'Al-Azhar du Caire, une institution vieille de mille ans ; l'homme représente la plus haute autorité religieuse égyptienne sunnite. Il est modéré, diplômé de la Sorbonne, nommé par l'ancien président Hosni Moubarak, et mal considéré par les Frères musulmans. Si Al-Tayeb a publiquement soutenu les autorités françaises quand elles ont interdit le port du niqab en octobre 2010, il défend cependant le hijab.

Souad Salih, (rare) savante femme, est sur la même ligne concernant le voile. Cette *alima* enseigne la jurisprudence islamique (*fiqh*) à l'université d'Al-Azhar et a une excellente connaissance du Coran et du Hadith ; elle est réputée comme étant la plus érudite de tous les savants qui s'expriment dans les médias sur la question de la femme en islam. Admirée par de nombreux intellectuels en Orient et en Occident pour son courage et sa défense des droits des musulmanes, Souad Salih a, par le passé, mené une campagne pour permettre aux femmes d'accéder au poste de mufti. Cette dame toute en rondeurs et dotée d'une voix puissante est régulièrement invitée à s'exprimer à la télévision égyptienne où, à l'instar d'Al-Qaradawi, elle répond aux questions des téléspectateurs. Drapée dans un foulard qui lui couvre le front et la nuque, les bras ornés de bracelets et le regard fixé sur la caméra, elle ne mâche pas ses mots et ne craint personne. Devant des centaines de milliers de téléspectateurs, elle s'est même insurgée contre le niqab, qu'elle qualifie de « mode importée, qui fait peur aux enfants » ! Ces propos lui ont valu plusieurs fatwas de muftis salafistes réclamant sa mort. Malgré les menaces, Souad Salih a toujours maintenu sa position contre ce voile qui couvre corps et visage à l'exception des yeux. En revanche, elle n'émet aucun doute ni n'admet aucune discussion sur le foulard. Selon elle, il est obligatoire, point à la ligne ; ceux qui affirment le contraire, martèle-t-elle, il faut les ignorer, et ne leur accorder aucune importance.

Il est difficile pour les musulmanes françaises de négliger l'avis de ces personnalités religieuses. Elles pourraient certes choisir d'écouter des islamologues tels Mohamed Talbi, Mohamed al-Shahrour ou Asma Barlas, qui rapportent fidèlement les propos du Coran, mais ceux-là ne sont généralement pas des femmes ni des hommes de foi[1] et, lorsqu'on est croyante et pratiquante, on écoute plus volontiers les recommandations de ceux qui « connaissent Dieu » plutôt que celles d'un intellectuel qui interprète les paroles divines avec une sensibilité laïque. Elles pourraient aussi estimer, comme Talbi, que Dieu a des questions bien plus importantes sur lesquelles s'exprimer que la tenue vestimentaire des femmes mais, face aux avis contradictoires énoncés lors de nombreux débats sur le sujet, et dans le doute, que faire ? Sauf rares exceptions, aucun imam ne viendra leur dire : le voile est facultatif. Les femmes musulmanes en France n'ont globalement reçu que très peu d'éducation sur l'histoire des religions pour jauger la pertinence de certaines règles édictées dans la Péninsule arabique des années 600. Alors, beaucoup d'entre elles, librement ou contraintes par leur entourage, se couvrent les cheveux.

1. À l'exception de l'imam français Tariq Oubrou dans son livre *Un imam en Colère* (Éditions Bayard) ou Soheib Bencheikh, ancien mufti de Marseille, dans *Marianne et le Prophète* (Éditions Grasset).

Le voile et l'Occident

La question qui nous taraude, assurément à l'origine de ce livre, est la suivante : pourquoi le foulard des musulmanes suscite-t-il autant de rejets en France et dans d'autres pays européens ? C'est en grande partie à cause de l'image de la femme qu'il renvoie, obligée de cacher sa beauté et son pouvoir de séduction pour ne pas inciter l'homme à commettre un péché. Autrement dit : la femme, séductrice, est potentiellement corruptrice. L'autre raison, émanant de la première, est qu'en se couvrant, en obéissant à cette injonction, elle reconnaît sa « tare » et accepte par là même son statut subalterne. Autrement dit : la femme est soumise. Ces deux visions appartiennent à la culture religieuse chrétienne ; elles ont été des arguments pour priver les femmes de leurs droits naturels pendant des siècles. Les paroles de l'apôtre saint Paul aux Corinthiens en témoignent tout particulièrement :

« Je veux [cependant] que vous sachiez que le chef de tout homme, c'est le Christ, que le chef de la femme, c'est l'homme, et que le chef du Christ, c'est Dieu.

Tout homme qui prie ou qui prophétise la tête couverte, déshonore sa tête.

Toute femme qui prie ou prophétise la tête non voilée, déshonore sa tête : elle est comme celle qui est rasée.

Si une femme ne se voile pas la tête, qu'elle se coupe aussi les cheveux. Or, s'il est honteux à une femme d'avoir les cheveux coupés ou la tête rasée, qu'elle se voile. L'homme ne doit pas se couvrir la tête, parce qu'il est l'image de la gloire de Dieu, tandis que la femme est la gloire de l'homme. En effet l'homme n'a pas été tiré de la femme, mais la femme de l'homme. C'est pourquoi la femme doit, à cause des anges, avoir sur la tête un signe de sujétion. Toutefois, ni la femme n'est sans l'homme, ni l'homme sans la femme, dans le Seigneur. Car si la femme a été tirée de l'homme, l'homme aussi naît de la femme, et tout vient de Dieu. Jugez-en vous-même : est-il bienséant qu'une femme prie Dieu sans être voilée[1] ? »

C'est à la suite de longues batailles que les sociétés occidentales ont réussi à se débarrasser de cette image de la femme comme objet de désir, capable d'être séduite par un autre homme que le sien (raison pour laquelle il faut qu'elle reste « à sa place », à la maison, et qu'elle cache ses cheveux). Pour s'émanciper, se réapproprier leur corps et conquérir leurs droits, les Occidentales ont dû remettre en cause certains enseignements de leur religion, généralement le catholicisme, ainsi que la conception réactionnaire du rôle qu'on leur attribue depuis longtemps et dont

1. Premier épître de saint Paul aux Corinthiens, chapitre 11.

la fonction première serait de servir l'homme. En 1792, quand le premier mouvement de défense des femmes a été créé[1], le Code civil prévoyait : « Le mari doit protection à la femme, la femme doit obéissance à son mari. » Plus tard, il leur a fallu se battre près de soixante-dix ans durant pour obtenir le droit de vote. Et les femmes mariées n'ont pu commencer à travailler sans l'autorisation de leur mari qu'en 1965. Sans oublier le droit à l'avortement, voté en 1975 et jusqu'alors passible des travaux forcés à perpétuité, voire de la peine de mort. Toutes ces batailles ont été livrées à l'encontre de lois d'inspiration religieuse. Ce n'est donc pas une surprise si pour les féministes, et plus largement, laïcité rime avec liberté et égalité – valeurs qui sont devenues inséparables pour beaucoup de Françaises et Français. Ils ne peuvent ni ne veulent tolérer que dans leur pays, au XXIe siècle, des femmes ou des jeunes filles acceptent de mettre en danger ces avancées vers l'égalité entre hommes et femmes, si chèrement acquises. Nombre d'entre eux considèrent que les religions sont foncièrement misogynes et que la laïcité est la meilleure sinon la seule garantie pour préserver les droits des femmes.

Cependant, ce lien direct entre voile et subordination de la femme à Dieu et donc à l'homme, bien réel dans la religion chrétienne, n'est pas vécu de la même manière par les musulmanes. La plupart d'entre elles disent porter le voile comme un signe de soumission

1. « La citoyenneté politique des femmes », Assemblée nationale. http://www.assemblee-nationale.fr/histoire/femmes/citoyennete_politique_revolution.asp

à Dieu, et non pas à leurs maris ou à leurs pères ; elles reconnaissent en même temps qu'elles se protègent aussi du désir de l'homme. Une contradiction sans doute ou un refus de reconnaître que ce sont les sociétés patriarcales qui imposent le voile et pas le Coran. Néanmoins, cette différence existe et elle est fondamentale pour comprendre pourquoi les musulmanes pratiquantes ne partagent pas l'interprétation des Occidentales sur le voile. Les premières le portent par amour de Dieu, les secondes leur rétorquent qu'en pensant obéir à Dieu, c'est au diktat des hommes qu'elles se plient en réalité et qu'elles acceptent de se soumettre. C'est ainsi que ce morceau de tissu a revêtu une importance disproportionnée dans les rapports sociaux et politiques entre Orient et Occident.

Lorsque les Occidentaux vilipendent le voile des femmes musulmanes, ces dernières y suspectent la plupart du temps du paternalisme. Une façon de dire : « Nous, les Occidentaux, savons ce qui est bien pour vous, femmes orientales », ou bien : « Nous allons vous libérer de l'oppression de vos hommes et de votre religion. » Évidemment, cette attitude n'est pas sans évoquer l'époque colonialiste où les Occidentaux parlaient ouvertement de leur « mission civilisatrice ». Les (meilleures) intentions étaient alors considérées par bon nombre de musulmans comme une intrusion dans leur vie privée et un rejet de leurs cultures et de leurs valeurs.

La « mission civilisatrice » coloniale part du principe que l'évolution sociale est universelle et qu'il est du devoir des Français, en l'occurrence, d'aider – y compris par la force – les populations indigènes à acquérir un niveau de développement social et culturel le plus proche possible de celui de la métropole. Cette conception, autrefois perçue par les missionnaires comme « noble », ignore cependant la culture locale, ses racines et ses richesses. On la retrouve pourtant sous la plume de poètes comme Rudyard Kipling qui, en 1899, dans « Le Fardeau de l'homme blanc » (« White Man's Burden »), appelaient les Américains à prendre leurs responsabilités, sous-entendu « d'impérialistes », dans la guerre aux Philippines :

Ô Blanc, reprends ton lourd fardeau :
Envoie au loin ta génération choisie,
Jette tes fils dans l'exil
Pour servir les besoins de tes captifs
Pour, bien harnachés veiller
Sur les peuples sauvages, errants,
Tes peuples récemment conquis.

Pour les anticolonialistes, cette strophe montre bien le mépris des Occidentaux, et notamment des Britanniques, et des Français, pour les peuples qu'ils ont conquis. D'autres préfèrent retenir la suite du poème, moins polémique :

Assumez le fardeau de l'homme blanc
Les sauvages guerres de la paix
Nourrissez la bouche de la famine
Et faites que cesse la misère.

Le site Herodote.net, qui édite des documents d'histoire sur Internet, commente : « Ce poème traduit la mentalité *progressiste* de la fin du XIXe siècle, tel qu'elle s'exprimait dans l'action de Jules Ferry, de Joseph

Chamberlain ou encore de Léon Blum. Elle n'est pas dépourvue de générosité, loin s'en faut, et le poème ci-dessus pourrait parfaitement être repris par les militants tiers-mondistes d'aujourd'hui, les médecins sans frontières, les organisations non-gouvernementales... Il n'y aurait besoin que de changer le mot "blanc" par "riche" ou "développé", qui lui sont, en ce début du XXIe siècle, peu ou prou équivalents[1]. »

Et si l'on remplaçait le mot « blanc » par « laïc » ou par « républicain », les opposants au voile assumeraient-ils eux aussi la citation ? Ce sont ces intentions que leur reprochent justement Arabes et musulmans.

Les débats autour du voile se transforment en batailles d'idées qui blessent et laissent des traces. Aux farouches opposants du hijab qui les somment de se dévoiler, les musulmanes ne se privent pas de rappeler le colonialisme et la guerre d'Algérie. Une époque qui exerce une forte influence sur les Français d'origine maghrébine ou d'Afrique noire, et envenime régulièrement les échanges sur le foulard en France. À commencer par une histoire souvent reprise par les Français musulmans dans les forums et les articles consacrés au voile. Il s'agissait pourtant d'un détail, noyé dans le séisme politique provoqué par l'insurrection du 13 mai 1958 à Alger : à l'issue d'une cérémonie sur la place du Gouvernement, les partisans de l'Algérie française, dirigés par les généraux Raoul Salan et Jacques Massu, s'emparent du

1. Joseph Savès, « Kipling (1865-1936) », Herodote.net.

siège du gouvernement, soutenus par une immense foule venue dénoncer l'incapacité des pouvoirs publics à Paris à affronter la situation d'Algérie. Depuis deux ans, la guerre avec le FLN s'était intensifiée, et la rancœur entre les deux camps avait connu son paroxysme le 8 février, quand l'armée française avait décidé de pourchasser les rebelles algériens jusqu'en Tunisie. L'aviation avait alors bombardé le village de Sakiet Sidi Youssef, une école avait été touchée. Bilan : soixante-neuf civils tués dont une vingtaine d'enfants. Cette attaque avait isolé la France, vivement critiquée par la communauté internationale, et provoqué une crise politique majeure avec la démission du gouvernement de Félix Gaillard. Un événement qui allait mener à la fin de la IVe République. Aussi, en ce 13 mai 1958, face à la crise, les généraux Salan et Massu se préparent à former un comité de salut public et à demander dans la foulée au général de Gaulle de revenir au pouvoir. Pour cela, ils ont besoin de montrer, place du Gouvernement, qu'ils ont le soutien du peuple – des Européens mais aussi des musulmans d'Algérie. Ils cherchent alors par quel geste symbolique ils vont pouvoir manifester aux yeux de tous l'adhésion des femmes algériennes à leur désir d'égalité, de liberté et de fraternité.

Selon des témoins, ce jour-là, au milieu des milliers d'Algérois attentifs aux paroles des généraux, quelques femmes voilées montent sur un podium avant d'ôter leurs foulards et de les brûler. La mise en scène est présentée comme un geste spontané de musulmanes partisanes de l'Algérie française, désolidarisées des combattants pour l'indépendance. Un message adressé principalement à la métropole : la plupart des Algériens n'ont jamais cru à leur sincérité. Ils retrouvaient une logique politique qu'ils ne connaissaient que trop bien. En effet, les autorités coloniales s'étaient toujours intéressées aux femmes « indigènes » en général, et aux musulmanes en particulier, lesquelles, selon elles, façonnent la société en élevant les enfants.

L'étude de référence d'Yvonne Turin[1] révèle les méthodes et les intentions des colonisateurs dans plusieurs domaines, dont l'éducation des jeunes musulmanes, ainsi que les tensions qu'elles ont créées avec la population locale. L'historienne a notamment retrouvé un texte d'une certaine madame Allix qui avait ouvert une école pour filles en 1845 et qui, s'adressant à un ministre, affirmait : « Vous ne l'ignorez pas, Monsieur le ministre, la plus puissante de toutes les influences en Afrique, comme en Europe, c'est la femme. Si vous convertissez à notre civilisation 100 000 jeunes filles prises dans toutes les classes de la société, et dans toutes les races de la Régence, ces jeunes filles, devenues par la force des choses les épouses privilégiées des hommes les plus importants de leur classe, vous garantissent à jamais la soumission du pays et seront le gage irrécusable de son assimilation future. »

D'autres récits évoquent la nécessité de « faire une âme française » aux mères de famille qui la transmettront à leurs enfants, pour que les indigènes

1. Yvonne Turin, *Affrontements culturels dans l'Algérie coloniale, écoles, médecine, religion, 1830-1880,* Éditions Maspero, 1971, p. 54.

adhèrent aux idées républicaines et prêtent allégeance à la France – cela se passait il y a cent soixante-huit ans, à une époque où le politiquement correct n'avait pas encore cours et où nombre de colons pensaient de bonne foi qu'ils offraient les lumières de la science, de la médecine et de la philosophie européenne à une population capable de l'assimiler et d'en profiter pleinement. Mais, les Arabes étant très attachés à leur religion, il n'était pas évident de leur faire accepter l'idée selon laquelle « connaissance et religion sont choses distinctes[1] ». C'est surtout sur ce point-là que les tensions ont été les plus fortes et les entreprises de développement, comme on les désignerait aujourd'hui, les plus hasardeuses.

Le livre d'Yvonne Turin pointe, à près de deux siècles de distance, l'origine de la méfiance des musulmans à l'égard de l'enseignement laïc. « Les habitants ne veulent guère "apprendre" des choses qui les inquiètent et dont ils ne voient pas l'intérêt. Ils ont raison, car cela pose le problème des liaisons profondes qui existent entre mode de connaissances et de diffusion du savoir et organisation sociale – voire mode de production. Or la religion fournissait les cadres les plus solides et les plus agissants de la société musulmane[2]. » Conscients de la situation, un certain nombre de colons ont émis des doutes, quelques années plus tard, sur cette politique d'émancipation des femmes

1. François Leimdorfer, Yvonne Turin, « Affrontements culturels dans l'Algérie coloniale, écoles, médecines, religion, 1830-1880 », *Tiers-Monde*, 1978, vol. 19, numéro 76, p. 903-904.

2. *Idem.*

qui ne prenait nullement en compte l'attachement des sociétés arabo-musulmanes à leurs traditions et à leurs racines. En leur inculquant les valeurs et les coutumes françaises, on risquait, prévenaient-ils, de les éloigner de leur milieu culturel sans qu'elles puissent s'assimiler à la culture européenne. Elles seraient alors rejetées par les leurs et non intégrées aux colons.

Les premiers intellectuels dits « tiers-mondistes » ont condamné sévèrement la politique des autorités coloniales. Frantz Fanon, psychiatre et écrivain franco-martinico-algérien, dénonce : « Depuis les années 1930-1935, le combat décisif est engagé. Les responsables de l'administration française en Algérie, préposés à la destruction de l'originalité du peuple, chargés par les pouvoirs de procéder coûte que coûte à la désagrégation des formes susceptibles d'évoquer de près ou de loin une réalité nationale, vont porter le maximum de leurs efforts sur le port du voile, conçu en l'occurrence comme symbole du statut de la femme algérienne[1]. »

Une façon d'assimiler le voile musulman à une arme comme les autres dans la guerre qui opposait l'administration coloniale au Front de libération national (FLN) algérien. Jean-Luc Einaudi, historien et militant politique français, a enquêté sur un centre de torture dans la région de Constantine. Dans *La Ferme Améziane*, il révèle l'histoire de la jeune Monique Améziane, née de mère européenne et de

1. Frantz Fanon, *Sociologie d'une révolution. L'an V de la Révolution algérienne*, La Découverte, 2011, p. 19.

père musulman. Elle avait dix-huit ans en avril 1958 et préparait son baccalauréat quand on est venu la chercher au lycée pour l'informer que son demi-frère était détenu dans la ferme de leur père, transformée par l'armée française en centre de torture. Ils lui ont alors proposé un marché : si elle voulait sauver la vie de son frère, elle devrait enlever son voile en public.

« Elle pleure. On la contraint à se prêter à un simulacre. Jamais de sa vie, en effet, elle n'a porté le voile. [...] Elle fait donc ce qu'on lui demande. Elle devient l'exemple de la fille musulmane fidèle à la France qui appelle les autres femmes à rejeter les traditions. Des juifs de Constantine la félicitent et la comparent à Esther... Sur la place du Théâtre, le moment venu, Monique se sent portée par la foule, grisée par les acclamations[1]. »

Selon Jean-Luc Einaudi, les militaires lui ont fait porter une robe bleue et une cocarde tricolore pour lui donner l'allure d'une Marianne. Ainsi habillée, elle rendit ensuite visite à son demi-frère pour lui annoncer qu'il serait bientôt libéré. « Il fut choqué par sa tenue et la renvoya. Sans même lui dire au revoir, il retourna dans sa cellule. »

Considérée les premiers temps comme une « collaboratrice », Monique fut vite pardonnée par les musulmans, qui dénoncent plutôt une manipulation

1. Jean-Luc Einaudi, *La Ferme Améziane : enquête sur un centre de torture pendant la guerre d'Algérie*, éditions l'Harmattan, 1991, p. 100. Cité par LDH Toulon, « L'intégration des musulmans en France n'est-elle possible que par leur renonciation, de gré ou de force, à ce qui fait leur différence ? », 2 mars 2005.

du colonisateur afin d'humilier leurs femmes et de les corrompre.

Depuis, le nom de Monique Améziane est resté dans les esprits et dans l'histoire de la guerre d'Algérie, et resurgit aux côtés d'autres récits de ce genre, chaque fois qu'il est question, en France, d'interdire le voile à l'école, dans les administrations publiques ou sur les lieux de travail. Les adeptes du voile utilisent souvent sur Internet ces histoires accablantes pour les forces coloniales afin de discréditer leurs adversaires. Ils affirment que les discours sur l'émancipation, l'intégration et l'égalité cachent une volonté française récurrente d'effacer leur identité franco-musulmane. D'autant que, en termes d'égalité et d'intégration, le bilan est loin d'être positif. La réflexion d'une mère de famille française d'origine algérienne à propos de l'interdiction du voile à l'école est révélatrice : « J'aimerais bien que mes filles portent le voile parce que c'est la volonté de Dieu, me dit-elle, mais je comprends que les Français imposent des lois ; nous ne sommes pas chez nous. » Face au naturel déconcertant avec lequel elle prononce ces mots, je ne la contredis pas. Khadija Rahmani ne se sent pas française – elle qui pourtant est née avant l'indépendance, quand l'Algérie était encore un département français. Elle qui a élevé cinq petits Français qui ont peu de contact avec le pays d'origine de leurs parents.

Apprentissage de la religion

Khadija est née en Algérie, dans un petit village situé à la frontière du Maroc. C'est là qu'elle s'est mariée avant de suivre son époux en France, en 1978, à l'âge de vingt-cinq ans. Lui s'est fait engager comme chauffeur de poids lourds, elle s'est occupée de la maison et d'élever leurs enfants – quatre filles et un garçon qui ont aujourd'hui entre vingt-quatre et trente-sept ans. Les Rahmani sont une famille française d'origine algérienne, aussi classique qu'exemplaire. Ils habitent un beau pavillon à Pontault-Combault, une banlieue tranquille de Seine-et-Marne où réside une importante communauté musulmane. Les enfants ont reçu une bonne éducation, les filles ont été très encadrées – elles n'ont, par exemple, jamais été autorisées à sortir le soir avec leurs amis « parce qu'elles n'avaient rien à faire dehors à la nuit tombée », selon leur mère. En Algérie, là où Khadija a grandi, la convenance voulait déjà que les jeunes filles restent à la maison le soir.

À son arrivée en France, Khadija a gardé son foulard, continué à porter des vêtements amples, comme elle en avait l'habitude auparavant, sans savoir précisément si elle se couvrait pour des raisons religieuses, par tradition ou dans le respect des règles sociales. « On ne connaissait pas notre religion, avant, me dit-elle un jour. En vieillissant, on s'est rapprochées de Dieu. » Rien de bien étonnant puisque, à l'époque coloniale, en Algérie, l'enseignement de l'islam n'était pas encouragé. L'État français réglait « la pratique du culte avec une préoccupation particulière pour le maintien de l'ordre public. Il n'existait pas en terre algérienne de droit à la liberté de religion, et la pratique du culte, pour les musulmans, s'avérait souvent aléatoire. L'État colonial qui régissait tout, n'allouait que des moyens très limités, et n'hésitait pas à réquisitionner les lieux de prières pour les affecter à des besoins jugés plus légitimes[1]. »

Cette génération d'immigrés vivait donc sa religion partiellement, sans bien la connaître, tout en y étant cependant très attachée, parce qu'elle est à la base des traditions et des coutumes de son pays natal. Aujourd'hui, Khadija a accès à une multitude de sources d'informations sur l'islam, notamment grâce aux médias arabophones. Elle est devenue pratiquante, prie cinq fois par jour et enseigne à ses enfants ce qu'elle a pu apprendre et croit connaître de la religion, sans rien leur imposer.

Ses filles s'habillent à l'occidentale, aiment parfois porter des jupes courtes et des talons hauts ; elles jeûnent pendant le ramadan, ne boivent jamais

1. Gilles Devers, « La religion dans l'Algérie coloniale », *Actualités du droit*, 27 février 2011.

d'alcool, ne consomment pas de porc. Quand elles étaient plus jeunes, leur père les a envoyées à la mosquée de Roissy-en-Brie pour apprendre l'arabe classique et quelques fondements de la religion musulmane. « Simplement, dans cette mosquée, m'explique Nouara, la benjamine, on nous enseignait essentiellement la religion. Nous recopiions des pages et des pages du Coran sans rien y comprendre, et sans jamais apprendre ni à parler ni à écrire la langue arabe. C'était pourtant la raison pour laquelle nos parents nous avaient envoyés à la mosquée. » Si bien que les enfants Rahmani n'ont suivi les cours que deux ou trois semaines. Aucun d'entre eux n'est devenu pratiquant, contrairement « à deux élèves filles qui fréquentaient la même classe que nous, qui ont continué à se rendre à la mosquée et qui portent le niqab aujourd'hui », précise Nouara.

Les enfants Rahmani, à l'instar de leurs parents, ont maintenant une connaissance des fondamentaux de la religion qui n'influence pas leur vie sociale en France. Khadija avoue tout de même qu'elle aimerait bien que ses filles se voilent « parce que Dieu l'a dit » ; et quand je lui explique qu'elles risquent de perdre leurs places si elles se couvrent la tête, elle répond : « Non, pourquoi ? Elles peuvent toujours enlever le voile avant d'entrer dans leur entreprise, et le remettre à la sortie. Dieu peut comprendre ça. »

S'adapter, sans s'intégrer ni s'assimiler, c'est l'attitude que semblent avoir adoptée beaucoup d'« anciens » – comme les appellent affectueusement les jeunes. Les parents savent d'où ils viennent, pourquoi ils ont émigré en France ; souvent, ils se sentent de passage dans l'Hexagone et aspirent à retourner dans leur pays d'origine pour y finir leurs jours. Ils perpétuent ainsi leurs traditions, les mères de famille s'habillent comme au pays, préparent une cuisine traditionnelle, suivent les coutumes sans revendiquer particulièrement leur appartenance religieuse. Ils pratiquent l'islam entre eux, simplement. Leurs filles se doivent de respecter les lois françaises, quitte, au passage, à égratigner certaines obligations religieuses ; le plus important étant de ne pas enfreindre les règles sociales et les mœurs au sein de la communauté.

Ce n'est évidemment pas l'état d'esprit de leurs enfants, nés en France, ceux que l'on nomme « deuxième et troisième générations d'immigrés ». Ils sont français à part entière, ont vu des filles et des fils d'immigrés comme eux réussir brillamment dans toutes les disciplines : le sport, la musique, l'art, le cinéma, la littérature, les sciences, la politique ou encore le journalisme... C'est une fierté et une raison supplémentaire de revendiquer leurs différences ; une différence surtout ethnique et culturelle où la religion joue un rôle limité. Zinedine Zidane, Cheb Mami, Khaled, Jamel Debbouze n'ont jamais évoqué l'islam ou exceptionnellement – pas plus que Nadya ou Amel Bent, par exemple. Ceux qui se sont lancés dans l'activisme politique n'ont pas fait grand cas de la religion au cours des débats qu'ils mettaient sur le devant de la scène : Ni putes ni soumises est un exemple particulier d'un féminisme de banlieue, mais on se rappelle surtout la Marche des Beurs, première manifestation de jeunes d'origine arabe qui avait entraîné, en 1983, cent mille personnes dans les rues à la suite des violences policières dans le quartier des Minguettes, à Vénissieux, dans la banlieue lyonnaise. La Marche des Beurs ne se référait pas à l'islam ni ne réclamait une plus grande liberté religieuse pour les musulmans de France ; elle revendiquait une carte de séjour valable dix ans et le droit de vote pour les étrangers résidant, travaillant ou ayant de la famille en France. Cette Marche, appelée aussi Marche pour l'égalité et contre le racisme, était donc aussi pour l'intégration. Au terme de cette manifestation, la première du genre, les Beurs n'ont obtenu que le permis de séjour.

Au fil des années et des déceptions, les jeunes d'origines maghrébine et africaine, qui rencontrent plus de difficultés que les autres pour trouver un travail, se sont sentis rejetés par le reste de la société française parce qu'ils étaient différents. Nombre d'entre eux ont senti le besoin de cultiver cette différence et se sont intéressés à leur religion.

C'est ce qu'ont fait plusieurs camarades de classe de Nouara Rahmani. Parmi la dizaine d'amies qu'elle fréquentait à l'école, six se sont voilées. « Elles ont changé, me dit-elle encore, certaines ne me parlent plus, ou bien elles essaient de me convaincre de faire comme elles. Mon mari n'a pas d'opinion sur la question ; quant à moi, je n'en ai pas envie. Je me voilerai peut-être plus tard, mais seulement si un jour je le décide. »

L'augmentation du nombre de femmes voilées est sensible dans les villes et quartiers à forte concentration de musulmans, même si elle est difficile à évaluer. Les sondages sont rares. Le dernier, réalisé en 2003, montre que les femmes voilées restent minoritaires et plus nombreuses chez les plus de cinquante ans (15 % chez les moins de 35 ans, 20 % pour les femmes entre 35 et 49 ans, et 35 % chez les plus de 50 ans[1]). Le sondage le plus récent concerne la pratique de l'islam en général, qui a augmenté considérablement entre 1991 et 2011[2]. Nous pouvons en déduire que le nombre de femmes voilées a lui aussi progressé. Les amies de Nouara, par exemple, se sont voilées deux ans après avoir quitté le lycée, soit entre 2008 et 2011.

Il y a bien chez les jeunes musulmanes qui se voilent une démarche purement spirituelle, une volonté d'apprendre et de pratiquer pleinement sa religion ; il peut y avoir aussi un besoin d'affirmer sa différence, de se forger une identité propre. Dans tous les cas de figure, de plus en plus de jeunes gens se définissent comme des « Français musulmans » et sont désireux de connaître leurs racines, leur religion et la langue de leurs parents, l'arabe.

Ces dix dernières années, des centres culturels musulmans et des lieux de culte se sont progressivement substitués aux associations laïques de quartier qui organisent dans les banlieues des

1. Sondage Ifop pour *Elle* réalisé du 21 au 29 novembre 2003.
2. Sondage Ifop pour *La Croix*, juillet 2011.

activités sociales, sportives et culturelles. Il existe aujourd'hui en France plus de deux mille deux cents mosquées et deux cents projets de construction de mosquées[1]. C'est dans ces lieux de culte que nombre de musulmans étudient à la fois l'islam et l'arabe, la langue du Prophète. Souvent, il s'agit de petits locaux dans les sous-sols d'immeubles ; à la Défense, par exemple, à proximité du quartier des affaires, une mosquée a été installée au pied de la tour de la Société Générale. Dans d'autres villes, cela peut être des chapiteaux dressés sur des terrains mis à disposition par les collectivités locales. Une grande part de ces structures est financée par l'argent des fidèles ; il en est de même pour les imams. Comme la loi de 1905 interdit le financement direct des lieux de culte, les plus grandes mosquées sont généralement subventionnées par des pays étrangers. La mosquée de Strasbourg est entretenue, à plus de 50 %, par le Maroc, l'Arabie Saoudite et le Koweït ; celle de Saint-Étienne à 75 % par le Maroc. La moitié des imams (on en dénombre six cents) seraient rétribués par des pays comme l'Algérie, le Maroc, la Turquie, l'autre moitié étant bénévole[2]. Les interprétations du Coran peuvent différer selon les convictions religieuses ou politiques de l'imam, et de la source de son financement. Ces prédicateurs sont principalement

1. Stéphanie Le Bars, « Deux cents projets de mosquées en France », lemonde.fr, 25 juillet 2012.

2. Stéphanie Le Bars, « L'islam de France à la peine », lemonde.fr, 22 juin 2013.

sunnites, à l'instar de la majorité des musulmans français. Chaque pays enseigne « son » islam, duquel se distinguent quatre grandes doctrines, qui se différencient par l'importance qu'elles accordent à tel ou tel type de sources pour leur jurisprudence, par les hadiths qu'elles acceptent comme authentiques et par le poids relatif attribué aux analogies (*qiyas*) et aux opinions personnelles (*ra'y*) utilisées pour décider des cas difficiles : l'école hanafite, la plus ancienne, a été fondée en Irak et est considérée comme la plus libérale, dans le sens où elle privilégie les raisonnements analogiques pour déduire des règles non explicitées dans les sources premières. La malékite, très répandue en Afrique du Nord, est la plus suivie en France. Toutes deux prennent en compte les coutumes et acceptent l'opinion personnelle (*ra'y*) et le raisonnement par analogie (*qiyas*) dans l'interprétation des textes. On trouve aussi l'école shâfi'ite (ou chaféite), présente surtout au Yémen et dans certains pays d'Asie, qui admet les opinions personnelles des croyants ainsi que l'*ijma'* (« consensus ») de la communauté sur les questions contestées, telles que la validation de pratiques non musulmanes des convertis ou de ceux qui vivent dans des pays non musulmans. Quant aux hanbalites, plus nombreux, ils réfutent toute innovation personnelle. C'est la version intégriste des hanbalites qui a influencé les mouvements salafistes et wahhabites adoptés en Arabie Saoudite. Ces deux dernières doctrines restent néanmoins minoritaires.

Pour apprendre l'islam en France, il existe des

écoles et instituts d'études supérieures plus ou moins indépendants des courants de pensée ou des pays étrangers. Les plus importants étant installés dans la région parisienne[1]. Ces instituts sont habituellement onéreux et requièrent que l'on y consacre du temps, comparable aux études universitaires. Par conséquent, ils ne sont fréquentés que par celles et ceux qui veulent et ont le loisir d'approfondir leurs connaissances théologiques et académiques.

Dès lors, pour tous les autres et notamment pour les jeunes musulmans, les médias et Internet sont devenus une source d'information très fréquentée. Il existe des centaines de télévisions et de radios diffusées en langue arabe au Moyen-Orient, dont les audiences sont très larges. La plus populaire d'entre toutes est la chaîne de télévision islamique Iqraa (qui signifie « Lis » en arabe – une des toutes premières recommandations du Coran aux fidèles[2]), elle est financée principalement par un homme d'affaire saoudien. Diffusée en arabe, en anglais et, depuis décembre 2012, en français, elle propose des programmes religieux, des documentaires sur l'islam à travers les siècles et dans le monde

1. Institut européen des sciences humaines (IESH), proche des Frères musulmans ; Centre d'études et de recherches sur l'islam (CERSI) ; Institut français des études et des sciences islamiques (IFESI) ; Académie française des cultures et des langues (AFCL) ; Institut Avicenne des sciences humaines (IASH) ; Institut international de la pensée islamique (IIIT).

2. Il est dit que la première phrase révélée à Mahomet par l'ange Gabriel fut : « Lis au nom du Seigneur qui a créé... », sourate 96 « Al-Alaq » (« L'adhérence »).

contemporain, ainsi que des informations sur la pratique de la religion. Au-delà de la connaissance du Coran, des hadiths, de la vie du Prophète et de l'histoire de la religion, Iqraa glorifie aussi l'époque où les musulmans avaient réussi leurs conquêtes et apporté la science, la médecine et l'astrologie au reste du monde.

Toutefois, l'émission religieuse la plus célèbre reste celle du cheikh Al-Qaradawi, intitulée « Al-Chari'a wal-Hayat » (« La *chari'a* et la vie ») et diffusée sur la chaîne Al-Jazeera en arabe. Tous les jeudis, deux heures durant, des millions de fidèles l'écoutent avec attention. Le cheikh raconte le Coran, répond aux questions des croyants. Il s'est spécialisé dans les problématiques des musulmans vivant dans des pays à majorité chrétienne ; il accorde une attention toute particulière à la France et notamment aux affaires du voile.

Al-Qaradawi, qui préside aussi le Conseil européen des fatwas et de la recherche à Dublin, a pris une telle importance qu'il est devenu incontournable sur tout ce qui a trait à la vie quotidienne des musulmans résidant en Europe. Il a été l'un des premiers à infléchir la position des Frères musulmans concernant les fidèles habitant des pays à majorité chrétienne. Longtemps, on leur a conseillé de quitter la terre « des mécréants » où ils ne pouvaient pratiquer librement leur religion. Mais, depuis le début des années 1990, le courant de pensée influencé par Al-Qaradawi les incite au contraire à demeurer là où ils vivent – même s'il faut parfois enfreindre quelques règles. En France, ce courant est représenté par l'Union des organisations islamiques de France.

Al-Qaradawi a par exemple conseillé aux jeunes élèves voilées de France d'enlever leur foulard à la porte de l'école et de le remettre sitôt sorties, « sinon, prévient-il, nos filles seront ignorantes ». Il s'appuie sur cinq versets du Coran pour justifier qu'un croyant peut céder face à une obligation légale si elle est nécessaire, quitte à faire ce que la religion interdit[1]. Inévitablement, cette fatwa (« avis religieux ») a provoqué un tollé général chez les imams plus rigoristes que lui, et notamment chez les proches des salafistes saoudiens. L'un d'eux lui a même rétorqué, atterré : « Mais qui a dit qu'envoyer des filles dans ces écoles mixtes, ou même dans les écoles tout court, est une nécessité ? Bien sûr que non[2]. »

Cependant, le 7 septembre 2012, toujours sur Al-Jazeera, Al-Qaradawi persiste et signe. Il exhorte les musulmans à rester vivre en France… car bientôt ils y seront majoritaires ; ils auront alors autant besoin d'écoles que de mosquées. Si, pour ce faire, les musulmans doivent se plier à certaines règles, à certaines lois du pays, qu'ils le fassent de façon ponctuelle et exceptionnelle. Sous-entendu : en attendant de faire régner l'ordre islamique en Europe.

En dépit de l'offre importante des chaînes religieuses, nombreux sont les Français qui cherchent des réponses sur la toile, particulièrement ceux qui

1. « Al-Chari'a wal-Hayat », Al-Jazeera, 7 septembre 2012.

2. Cheikh Othman al-Khamis, 11 mai 2012, http://sunnahway.net/node/1684

ne comprennent ni l'arabe ni l'anglais, les deux langues où l'on trouve le plus de littérature sur l'islam. Il existe aujourd'hui une vingtaine de sites et forums parmi lesquels les plus importants et les plus « politiques » sont : oumma.com, proche des Frères musulmans, et son forum Mejliss ; Saphirnews et Al-Kanz. Le plus pédagogique et le plus factuel s'appelle Sajidine ; facile d'accès, il est plutôt agréable à lire et s'efforce d'être le plus fidèle possible aux textes du Coran. Il adopte néanmoins l'interprétation rigoriste sur le port du voile et affirme qu'il est une obligation « sans équivoque ».

Toutefois, il suffit de poser une question sur un moteur de recherche pour voir apparaître d'autres forums traduits en français, qui proposent les réponses d'imams, souvent saoudiens ou proches des autorités saoudiennes[1], parmi lesquels Mohamed Ibn Abdel Wahhab, le père du wahhabisme, ou encore Abdel Aziz Ibn Abdullah Ibn Baz, à l'origine de la fatwa interdisant aux femmes de conduire. Celle-ci est bien publiée sur le site qui regroupe toutes les fatwas (Présidence générale des recherches et des fatwas) en arabe[2] mais pas dans sa version française[3]. Sur des forums moins connus, mais qui se

1. Les cinq plus importants sont Al-Uthaymine, Abdel Aziz Ibn Abdullah Ibn Baz, Mohamed Nasser al-Dine al-Albani, Mohamed Ibn Abdel Wahhab, Saleh Ben Fawzan al-Fawzan.

2. http://www.alifta.net/Fatawa/FatawaChapters.aspx?languagename=ar&View=Page&PageNo=1&FromMoeasrID=18062&PageID=6528&BookID=3

3. http://www.alifta.net/Fatawa/FatawaChapters.aspx?languagename=fr&View=Tree&NodeID=4512&PageNo=1&BookID=9

comptent par dizaines, d'autres musulmans, dont beaucoup utilisent des pseudonymes, répondent aussi « pour rendre service ». Bien des femmes en quête d'information et de contacts avec d'autres musulmanes rejoignent ces forums où des anonymes se font appeler « sœurs » – mais qui pourraient tout aussi bien être des « barbus », des Frères musulmans ou des salafistes francophones vivant au Caire ou en Afghanistan. Le fait est que plus ces femmes voilées se sentent rejetées par la société française, plus elles ont tendance à s'enfermer dans ce qui est en train de devenir un monde parallèle et silencieux, qui ne s'exprime ni à la radio, ni à la télévision, ni même dans les principaux journaux du pays. Tout se passe d'un ordinateur à l'autre, entre musulmans qui se confortent dans l'idée que le voile est une obligation qui octroie à la femme un statut supérieur à celui des non-voilées : elle est « plus pure, plus digne, plus respectable ».

Les personnes qui animent ces sites et répondent les premières sont souvent les plus radicales. Elles ont le temps, les techniques et parfois même l'argent pour le faire. Elles martèlent un message qui se répand vite, et librement. Elles savent, d'un ton plein d'assurance et d'affection, gagner la confiance de nombreux jeunes Français musulmans en quête d'identité et de sens pour leur vie.

Sur ces sites surgissent souvent des questions très sérieuses qui reçoivent, il faut bien le dire, des réponses affligeantes. Comme ce message d'une jeune femme vivant en France et exposant son dilemme : elle est institutrice dans une petite structure privée ;

son mari est au chômage et ils ont deux enfants. Sa mère l'encourage à postuler à un poste dans l'Éducation nationale afin de mieux gagner sa vie et de bénéficier d'une sécurité de l'emploi. Simplement, la jeune femme porte le voile. Alors elle lance cet appel à conseil sur le forum. La réponse fuse aussitôt : « Ne crains pas les lois d'ici-bas, mais les lois de Dieu. Dieu t'aidera à survivre et rappelle-toi que notre vie sur cette terre est bien plus courte que celle de l'au-delà ». À la manière dont elle a mis en avant le chômage de son mari et les conseils de sa mère, cette femme attendait plutôt qu'on lui dise que le plus important était le bien-être de ses enfants, qu'il fallait s'adapter aux lois du pays, les respecter et que, cela, Dieu le comprenait et pardonnait. À la place, elle a reçu une réponse sans appel qui indique en substance : garde le voile, quitte à moins bien nourrir tes enfants.

Plus on s'enfonce dans la multitude des sites et moins on a de certitudes. Les recommandations divergent, n'importe quel imam peut décréter une fatwa, même s'il n'est pas considéré comme une autorité en la matière. C'est à cause de cette confusion qu'un individu comme Al-Qaradawi a pris une telle importance et que, progressivement, il a réussi à répandre le discours et l'idéologie politique des Frères musulmans en France et en Europe.

S'il y avait des cours d'islam, à l'instar du catéchisme pour les chrétiens, avec un enseignement clair ne débordant pas le cadre dogmatique, les Français musulmans iraient moins à la recherche de réponses qui se révèlent contradictoires et n'écouteraient pas des discours qui prétendent être la voix de Dieu mais cachent, en réalité, une idéologie politique antidémocratique et contraire aux valeurs républicaines.

Quelle place pour la laïcité dans les pays arabes ?

En observant la société française avec le regard un peu détaché d'une étrangère, je constate que la plupart des Français sont convaincus que le monde entier les connaît, les comprend et leur ressemble – ou devrait leur ressembler. À plus forte raison s'agissant des étrangers qui vivent en France. Or, la laïcité « à la française » est un concept complexe façonné par une histoire ancienne et douloureuse qui puise ses racines dans la relation critique entre l'Église catholique et la monarchie. La laïcité figure le dénouement de moult conflits, débats, réflexions politiques et philosophiques sur la manière de réussir une cohésion nationale dans la justice, après une révolution sanglante. Pour savoir cela, il faut l'avoir appris, assimilé et vécu à travers les expériences de ses proches.

L'histoire d'une nation ne s'enseigne pas seulement à l'école ou dans les livres. Elle se transmet à travers les parents et des générations de témoins directs. Savoir comment sa grand-mère vivait, de quelle façon elle pratiquait sa religion et quel pouvoir avaient les prêtres sur les femmes comme elle permet aussi de comprendre l'évolution de la société et surtout d'être convaincu qu'il est possible de changer les mentalités, puisque sa propre famille en a fait l'expérience. Ce sont nos références, ces exemples vivants, ces histoires vécues relatées autour de la table, que l'on entend dès notre plus jeune âge et qui exercent une forte influence sur nos modes de pensée et nos choix de vie.

Les expériences et par conséquent les repères ne sont pas les mêmes selon que l'on a des parents et grands-parents orientaux ou occidentaux. En Orient, une majorité de musulmans ne ressent pas (ou pas encore) les possibles dangers d'une trop forte emprise des religieux ou de la religion sur les esprits ; elle ne perçoit pas non plus le frein que cette influence peut représenter à l'évolution démocratique et au développement social. Même les chrétiens d'Orient s'appuient sur l'Église pour les défendre contre les persécutions des intégristes musulmans avant de faire appel à l'État. Rares sont ceux qui pensent que la laïcité peut être une garantie d'égalité devant la loi ou une réponse efficace contre les discriminations. Au Liban et en Égypte, par exemple, les deux communautés chrétiennes les plus influentes d'Orient n'aspirent pas à un État laïc ; elles réclament essentiellement la possibilité de pratiquer leur religion librement et d'avoir des garanties légales pour leur sécurité, la pérennité et l'égalité de leurs droits.

Dans le pays des Cèdres, la laïcité a été combattue depuis l'indépendance en 1943, aussi bien par l'Église que par les muftis musulmans dans une alliance sacrée visant à garder leurs « clientèles » et leurs prérogatives sur tous les actes d'état civil – une manne financière non négligeable. Les demandes répétées de la société civile réclamant l'instauration d'un code civil pour le mariage, le divorce, la succession ont systématiquement essuyé des refus aussi bien des autorités religieuses que de l'État. Aujourd'hui encore, des groupes de jeunes progressistes continuent de se battre pour au moins obtenir le mariage civil. Car un couple de confessions distinctes ne peut se marier au Liban ; il doit partir à l'étranger ou faire en sorte que l'un se convertisse à la religion de l'autre. Dans ce cas, les musulmans appliquent fatalement la *chari'a* qui admet la polygamie et la répudiation de la femme, et qui accorde la garde des enfants au père en cas de divorce – généralement après l'âge de l'allaitement pour les garçons, les filles pouvant rester avec leur mère plus longtemps selon le rite auquel les parents sont attachés. Du côté des chrétiens libanais, le divorce est interdit sauf cas particulier comme l'adultère, par exemple. Là encore, la garde des enfants de plus de sept ans est accordée au père, considéré comme étant le chef de la famille. Si la femme se remarie, elle perd son droit de garde. C'est la législation en vigueur au Liban depuis toujours, pays pourtant occidentalisé. Aucun des partis politiques traditionnels, à l'exception de certains partis de gauche, n'exige l'instauration d'un système laïc.

On mesure bien le fossé entre les structures juridiques et sociales en Orient et celles de la République française laïque. Il est indispensable de prendre en compte cette différence culturelle et historique pour comprendre mieux l'évolution des opinions sur la laïcité dans cette région du monde.

La volonté de séparer le politique du religieux est encore faible en Orient, et particulièrement dans le monde musulman. Pourtant, à leur indépendance, beaucoup de régimes arabes se sont décrétés laïcs, tels l'Irak de Saddam Hussein, la Syrie de Bachar el-Assad ou la Tunisie de Habib Bourguiba, puis de Ben Ali. Or, le système laïc ne s'y est pas imposé sous l'impulsion d'un mouvement social ou populaire. La société civile ne s'est jamais révoltée contre les religieux ; ce sont les chefs d'État, le plus souvent arrivés au pouvoir par la force, qui l'ont érigé. Si bien que cette laïcité qui vient d'en haut, ou de l'étranger, n'est pas le résultat d'une réelle évolution des mentalités mais la soumission du peuple à un ordre établi. Contrairement aux récentes révoltes des populations arabes en Tunisie, en Égypte et en Syrie qui sont bien dirigées contre des tyrans – qui par ailleurs se disaient laïcs.

Cela explique en partie pourquoi les islamistes, et notamment les Frères musulmans en Égypte et le parti Ennahda en Tunisie, ont gagné les élections alors que les révolutions, lancées en décembre 2010, avaient été menées par des citoyens n'appartenant, dans leur grande majorité, à aucun mouvement politique ou intégriste. En effet, au temps des dictatures, les acteurs non islamistes et modernistes de la société avaient été considérablement affaiblis. Les régimes en place les craignaient plus que les islamistes. Ils les considéraient, à tort, comme plus dangereux parce qu'ils pouvaient représenter une alternative acceptable aux dictatures aux yeux des puissances occidentales.

Alors que les islamistes, pensaient-ils, n'obtiendraient aucun soutien des pays occidentaux s'ils venaient à accéder aux commandes. Et, comme le pouvoir ne pouvait interdire au peuple de se rendre à la mosquée ni empêcher les organisations islamiques de venir en aide aux plus démunis, il laissa (involontairement) aux intégristes, des années durant, le quasi-monopole de la contestation. Grâce à leur réseau international, aux financements étrangers et aux dons de fidèles fortunés, les partis intégristes purent mettre en place un système social parallèle à celui de l'État, avec des programmes d'aides leur permettant de gagner la confiance des populations des grandes villes et des campagnes.

Dans le même temps, les islamistes concentrèrent leurs efforts sur les femmes en les aidant à s'acquitter des frais scolaires et médicaux de leurs enfants et en leur trouvant parfois un travail. Ils parvinrent également à convaincre des musulmanes cultivées que l'islam valorisait et respectait les femmes, contrairement aux responsables pro-occidentaux qui ne les protégeaient pas et ne subvenaient pas aux besoins de leurs familles.

À la chute des dictateurs, les partis, tout particulièrement les islamistes, prirent le relais des jeunes manifestants et révolutionnaires qui n'étaient pas eux-mêmes organisés politiquement. On comprend mieux pourquoi le combat des femmes musulmanes dans les pays arabes aujourd'hui, s'il en est un, n'est pas dirigé contre l'islam. Nombreuses sont celles qui espèrent que l'islam politique leur garantira des droits et un bien-être matériel que les régimes déchus n'ont pas été capables d'assurer. Alors certes, avec les revers en Égypte, où les Frères musulmans ont été chassés du pouvoir en juillet 2013, et en Tunisie, où Ennahda tente d'imposer ses valeurs religieuses, de limiter les libertés tout en laissant la situation économique s'aggraver considérablement, le doute s'installe. Cependant, une chose est sûre : les révolutions ont démontré que tout en aspirant à la liberté et à la démocratie, les peuples arabes ne réclament pas pour autant la laïcité, et la rejettent même parfois, la confondant souvent avec l'athéisme. Elle a longtemps été associée au colonialisme, puis à l'idéologie nationaliste panarabe.

Le panarabisme – dont l'ambition est d'unifier les pays arabes – est un projet relancé par le président égyptien Gamal Abdel Nasser à partir des années 1950. À peine sortis de l'ère coloniale et ayant tout juste conquis leur indépendance, les Arabes se sont retrouvés plongés dans un nouveau conflit, inextricable, provoqué par les anciennes forces coloniales : la création de l'État d'Israël en mai 1948. Les pays occidentaux, et notamment les Britanniques, ont encouragé et soutenu l'installation des juifs du monde entier en Palestine, laquelle s'est soldée par la défaite des Palestiniens et l'exode de centaines de milliers d'entre eux. Des dizaines de milliers d'hommes, de femmes et d'enfants ont été chassés de leur terre natale et se sont réfugiés dans les pays voisins, où la plupart vivent encore dans des camps ou des ghettos. Aujourd'hui, les Arabes dans leur ensemble ressentent toujours ce drame comme une profonde injustice.

Nasser a charmé et mobilisé les foules arabes derrière son projet d'unification. La Voix des Arabes, une radio du Caire, diffusait largement ses discours enflammés qui défendaient l'idée selon laquelle, unis, les Arabes gagneraient contre Israël et les forces impérialistes, ses alliés. Dans le prolongement des guerres d'indépendance, Nasser prônait un État panarabe non aligné à la puissance occidentale, laïc et social. Il a ainsi isolé, en les surveillant de près, les Frères musulmans, pourtant influents en Égypte. Il n'hésitait jamais à les ridiculiser publiquement, comme lors de ce fameux discours d'octobre 1953, resté dans les annales et qui a bien circulé sur Youtube au moment de la prise de pouvoir du président Mohamed Morsi le 30 juin 2012. Dans ce film en noir et blanc, Nasser est décontracté et souriant ; il s'adresse à une foule immense et relate sa conversation avec le Guide suprême des Frères musulmans de l'époque. Ce dernier, explique Nasser, « me dit qu'il faut que j'impose le voile et que j'oblige chaque femme qui marche dans la rue à porter un foulard ». La foule éclate de rire, Nasser poursuit : « Je lui ai dit que chacun est libre de faire ce qu'il veut chez lui... et je lui ai demandé : "Ta fille porte-t-elle le voile ?" Il m'a répondu que non. "Alors, comment veux-tu, toi qui n'arrives même pas à l'imposer à ta propre fille, et donc à une seule femme, comment veux-tu que j'oblige dix millions d'Égyptiennes à le faire !" » Le plus intéressant dans cette séquence, c'est la dérision avec laquelle le président Nasser et la foule ont accueilli la demande des intégristes, jugée ridicule, de voiler les Égyptiennes. À l'époque, ces dernières portaient des robes courtes, les films égyptiens populaires parlaient d'amour et montraient des hommes et des femmes qui s'embrassaient sans que personne ne s'en offusque. Les temps ont changé. Le panarabisme n'a pas réalisé ses promesses d'unir la nation arabe, de récupérer les terres des Palestiniens (leur défaite dans la guerre de 1967 a été catastrophique) et de bâtir des nations dans la justice et la prospérité. Le socialisme a déçu et, avec lui, les idéaux de laïcité et de modernisme occidental dont les Arabes pauvres, pour la plupart, n'ont pu bénéficier. Ils se sont réfugiés dans ce qu'ils connaissent le mieux, l'islam, et ce d'autant que les Frères musulmans ont toujours associé pauvreté et colonialisme, expliquant aux fidèles que les puissances occidentales avaient mis au pouvoir une bourgeoisie corrompue qui avait pillé le pays et perverti les valeurs traditionnelles de l'islam. Les leaders de la confrérie qui pour la plupart ont fait des études supérieures pour devenir avocats, médecins ou ingénieurs, se sont installés dans les villages, ont vécu modestement et mis leurs connaissances au service des populations les plus défavorisées, se forgeant ainsi une image de mouvement social authentique et proche des aspirations des peuples.

Quarante-trois ans après la mort de Gamal Abdel Nasser, une majorité d'Égyptiennes porte le foulard sans être forcément intégriste. Il est tout aussi naturel pour elles de se couvrir les cheveux que de sortir tête nue. Elles ont participé à la révolution qui a renversé le président Moubarak, et aidé les Frères musulmans à accéder au pouvoir. À noter : certaines ont aussi gagné la place Tahrir une année plus tard, en juin 2013, pour demander au président Morsi de « dégager » ; d'autres ont rejoint les manifestations de ses partisans, pour au contraire le soutenir. Voilées et actives, combattantes pour leurs droits, beaucoup ont puisé leur force dans la religion, alors que leurs mères ne couvraient pas leurs cheveux et ne participaient que très peu, voire pas du tout, à la vie politique et sociale du pays.

À l'époque de Nasser est né aussi le parti Baath (ou Baas), panarabe, laïc et socialiste, proche de l'Union soviétique. Les baasistes sont arrivés au pouvoir en 1963, à un mois d'intervalle, en Syrie et en Irak. Toutefois, les fondateurs et idéologues du parti sont très vite exilés, après un coup d'État qui porte au pouvoir les baasistes pro-égyptiens, et des dictateurs s'installent à la tête des deux États : Saddam Hussein en Irak, Hafez el-Assad en Syrie. Dans les deux cas, ils bâtissent dans leurs pays des structures sociales (écoles gratuites, sécurité sociale, autonomisation et responsabilisation des femmes) très centralisées. Toute opposition politique est violemment réprimée, notamment, en Syrie, celle des Frères musulmans. Les dirigeants se disent laïcs, ce qui en réalité ne signifie pas pour eux la neutralité totale de l'État par rapport au fait religieux mais plutôt l'application de lois civiles et non la *chari'a*, ainsi que la défense des minorités religieuses. Les Assad font eux-mêmes partie d'une minorité religieuse qui bénéficie de nombreux privilèges. Avec le temps, une vive déception a gagné les populations qui ont subi les dictatures des plus meurtrières du monde au nom du socialisme panarabe. Elles n'ont pas davantage profité des richesses qu'à l'époque du colonialisme, ou de la monarchie en Irak.

Depuis l'invasion américaine en 2003, le pays se déchire entre sunnites et chiites avec force attentats à caractère religieux qui font des victimes civiles toutes les semaines.

En Syrie, la révolte contre le régime de Bachar el-Assad, qui a éclaté au printemps 2011 à Deraa, s'est propagée dans tout le pays. En l'espace de quelques mois, les manifestations pacifistes se sont transformées en guerre civile avec d'un côté des combattants à majorité sunnite, soutenus par des jihadistes, et de l'autre des partisans de Bachar el-Assad, à majorité alaouite[1]. Depuis le début, chrétiens et druzes syriens (musulmans hétérodoxes) ne prennent pas position, ne participent pas aux combats. Ils veulent rester neutres. Une fois encore, malgré les années de laïcité institutionnelle, la religion et notamment l'islam reviennent sur le devant de la scène. Les opposants laïcs au régime de Bachar el-Assad ont tenté désespérément d'empêcher que la révolution ne se transforme en guerre entre communautés religieuses ; mais ils étaient trop faibles face aux opposants islamistes sunnites. Ces derniers, Frères musulmans en tête et soutenus par la Turquie et le Qatar, se sont imposés comme une force incontournable dans la Syrie de l'après Assad. Quant aux jihadistes, sunnites extrémistes, ils ont mené les batailles les plus dangereuses

1. Secte de l'islam chiite syrien, ésotérique et minoritaire dans le pays.

qui ont permis à l'opposition de gagner du terrain. Ils réclameront indubitablement une part du pouvoir si le président syrien est renversé. Indépendamment de l'issue de la bataille, les laïcs sont à l'évidence terriblement affaiblis.

Tout autre est l'histoire tunisienne, profondément marquée par le personnage de Habib Bourguiba, qui a mené le pays à l'indépendance et l'a personnifié de 1957 à 1987. Bourguiba s'est opposé au nationalisme arabe ; il n'a pas adopté l'idéologie socialiste et ne s'est pas rapproché du mouvement des non-alignés de Nehru, Tito et Nasser. Il était un nationaliste tunisien et moderniste. « Habib Bourguiba, laïc convaincu, s'est employé à inventer une sacralisation du nationalisme, une religion de l'État qui aurait dû éradiquer à jamais les fois anciennes et les vieilles allégeances[1] », y compris la *chari'a* telle qu'elle était appliquée par les fondamentalistes. Bourguiba définissait la Tunisie comme non pas un pays laïc mais plutôt « musulman progressiste... On a cru pendant longtemps que l'islam était un élément de recul, de stagnation... Eh bien ! la cause en est dans les hommes de l'islam... ceux qui interprètent la loi de l'islam et qui ont l'esprit figé, étriqué. Moi, pour ne pas heurter le sentiment religieux et même le servir et être un instrument de progrès... j'interprète certains textes de loi religieuse de manière très libérale, ce qui fait que j'arrive à

1. Bernard Cohen, *Bourguiba, le pouvoir d'un seul*, Flammarion, 1986.

pousser le peuple musulman dans la phase du progrès en vertu de la loi musulmane elle-même[1]. » Il a ainsi instauré un code du statut personnel dans lequel le mariage par consentement mutuel est introduit, la polygamie interdite et où le divorce remplace la répudiation de la femme. Du jamais vu dans un pays arabe. L'œuvre de celui que le peuple surnommait le « combattant suprême » était appréciée par la grande majorité, en dépit de son autoritarisme. La Tunisie se voulait différente des autres pays arabes et maghrébins, plus ouverte, plus libérale ; son chef d'État a su incarner cette différence. Ben Ali, son successeur, n'a jamais joui de la même légitimité. S'il a su préserver les avancées sociales, il a aussi privilégié le tout-sécuritaire et creusé les inégalités régionales dans le développement du pays.

La révolution de décembre 2010, qui a éclaté pour des raisons essentiellement économiques, exacerbées par une répression de toute opinion dissidente, a ouvert le chemin du retour à l'intégrisme musulman. Les Tunisiens ont élu démocratiquement le parti Ennahda, et voté pour ces hommes que Bourguiba qualifiait de « ceux qui interprètent la loi de l'islam et qui ont l'esprit figé, étriqué ».

Bon nombre de femmes tunisiennes ont voté pour les intégristes, essentiellement celles qui n'ont pas profité de l'occidentalisation de leur pays, dirigé par une bourgeoisie accaparant les richesses et gangrené par le clan corrompu gravitant autour du président Ben Ali. Les résultats les plus étonnants sont venus

1. http://www.youtube.com/watch?v=5UZuI0bU7D4

des Tunisiens résidant en France, où les islamistes d'Ennahda sont arrivés en tête avec plus de 30 % des voix – soit deux fois plus que le Congrès pour la République, laïc, de Moncef Marzouki. Observe-t-on en Tunisie un retour aux valeurs religieuses ou une sympathie pour les membres de ce parti qui ont subi la répression du régime et été contraints à l'exil ? Les deux facteurs ont sûrement été déterminants, mais il faut reconnaître aussi que l'islam compte de plus en plus pour les Arabes de France.

Une femme a beaucoup contribué à redorer l'image des islamistes dans le monde : Tawakol Karman. Figure de proue de la lutte contre le président yéménite Ali Abdallah Saleh, journaliste et militante des droits de l'homme, elle est devenue une icône le jour où elle a obtenu aux côtés de deux autres femmes exceptionnelles, Ellen Johnson Sirleaf et Leymah Gbowee, le prix Nobel de la paix en 2011. Son combat a commencé place Taghyir (place du Changement) : comme sur la place Tahrir au Caire, des milliers de jeunes occupaient les lieux, dormaient sous des tentes. Parmi eux, des jeunes filles. Un geste courageux dans ce pays très conservateur où les femmes ne couchent pas hors de la maison et, dans tous les cas, jamais dans un lieu où se trouvent aussi des hommes. Tawakol n'est pas une simple militante ; elle était déjà membre de la Shura, l'assemblée consultative d'Al-Islah, une formation politique considérée comme la branche yéménite des Frères musulmans, qui comprend aussi des leaders tribaux conservateurs et des hommes d'affaires de haut rang. Tawakol porte donc le hijab, celui qu'on appelle le « voile islamique » en France, et qui couvre ses cheveux, son front, et retombe sur sa poitrine.

Les trois lauréates du prix Nobel 2011 portent le foulard. Deux sont chrétiennes ; Tawakol est musulmane. Pourtant, seul le foulard de la militante yéménite a été remarqué par la presse ; mais, cette fois, nul n'a osé le critiquer vivement ou l'assimiler à un symbole de soumission. Même en France, pays où le voile est un sujet sensible, Tawakol a été reconnue comme féministe. « Tawakol Karman a appris par un appel téléphonique qu'elle était la lauréate du prestigieux prix décerné par le comité suédois. *"Mais je ne savais pas même que j'étais candidate !"* s'étonne la militante féministe[1] », selon François-Xavier Trégan, envoyé spécial du journal *Le Monde* à Sanaa. Le journaliste n'a relevé aucune contradiction dans le fait d'être islamiste et féministe.

Dans le journal belge *Le Soir*, on a tout de même pu lire une sorte d'explication bienveillante : « Elle vous semble un peu trop dans la ligne avec son foulard ? Elle est pourtant d'une audace folle dans un pays où la coutume veut que les femmes portent le niqab, qui ne laisse découverte qu'une étroite fente au niveau des yeux[2]. » La journaliste ne croit pas si bien dire. Tawakol porte le niqab jusqu'au jour où elle doit se rendre à une présentation aux États-Unis. Elle décide alors de le troquer contre un hijab qui laisse

1. François-Xavier Trégan, *Tawakul Karman, le Nobel du printemps arabe,* 8 octobre 2011.

2. Véronique Kiesel, « Un jour de fête, celui du départ de Saleh », *Le Soir,* 22 février 2012.

apparaître son visage. « J'ai découvert que porter le voile, dit-elle, n'est pas approprié pour une femme qui veut faire de l'activisme dans le domaine public[1]. » Et pour celles qui ne sont pas activistes, pense-t-elle que le niqab est acceptable ou même obligatoire ?

Le 28 octobre 2011, Tawakol est reçue aux États-Unis par Hillary Clinton. Lors d'une brève conférence de presse, la première question que lui ont posée les journalistes est : « Quelle a été votre réaction devant ce groupe de femmes qui ont brûlé leurs voiles au Yémen ? » Tawakol y voit l'expression de leur rejet du régime de Saleh : « C'est une nouvelle étape, la femme avance et évolue et ne se cache plus ni derrière un voile, ni derrière un mur, ou quoi que ce soit d'autre. » Sa réponse a été diffusée sur Youtube en arabe, dans une séquence intitulée : « Tawakol Karman demande aux femmes yéménites d'ôter leur voile. » Or, le Prix Nobel ne parlait que du voile intégral traditionnel que des femmes yéménites ont brûlé le 26 octobre à Sanaa en signe de protestation contre la répression de leur mouvement. Selon Tawakol, le foulard qu'elle a choisi de porter est au contraire un signe de modernité, presque un symbole de liberté pour la femme, puisqu'il ne couvre pas le visage et leur permet de sortir se battre pour la liberté – et personne n'a rien trouvé à y redire.

Pas de réaction non plus sur le voile de Tawakol du côté des féministes françaises, dont beaucoup

1. Tom Finn, « Tawakul Karman, Yemeni Activist and Thorn in the Side of Saleh », *The Guardian,* 26 mars 2011.

s'étaient vivement insurgées contre la décision de la rappeuse Diam's de se convertir à l'islam et de se voiler. Mélanie Georgiades, de son vrai nom, avait été accusée de donner le mauvais exemple aux jeunes filles des quartiers ou des banlieues. Curieusement, le voile des trois lauréates a été accepté, y compris celui de Tawakol Karman pourtant engagée dans un parti politique islamiste et prosélyte, alors que les exigences d'exemplarité à l'égard d'un Prix Nobel sont sans doute plus élevées que pour un artiste.

Peut-être parce qu'on ne peut donner de leçon de liberté ou de féminisme à une femme qui a risqué sa vie pour renverser une dictature. Il est difficile de l'accuser de soumission à son homme quand elle travaille, milite, prend son destin ainsi que celui de son peuple en main.

Mais si elle venait vivre en France, regarderait-on cette femme libre et courageuse de la même manière ?

Le voile symbole de soumission ?

Lorsqu'on voyage dans le monde arabe, et surtout dans les États riches, où les universités sont généralement gratuites, avec des infrastructures modernes et des cursus internationaux, on observe que le niveau d'éducation des femmes y est particulièrement élevé et qu'elles occupent des postes à responsabilité qui n'ont rien à envier aux pays européens les plus progressistes ; cependant, la plupart d'entre elles couvrent leurs cheveux. Aujourd'hui, dans des pays du Golfe comme les Émirats arabes unis, le Qatar ou le Bahreïn, les jeunes femmes sont trois fois plus nombreuses que les hommes à suivre des études universitaires[1]. Elles trouvent du travail, si bien qu'elles sont économiquement indépendantes – un premier pas indispensable pour acquérir davantage de droits et de liberté au sein de ces sociétés très conservatrices sur le plan religieux, mais qui accordent malgré tout une place importante aux femmes et leur réservent des postes

1. Sanja Kelly, « Women's Rights in the Middle East and North Africa : Recent Gains and new opportunities for women's rights in the Gulf Arab States », *Freedom House,* 11 février 2009, p. 4.

à haut niveau de responsabilités dans les entreprises publiques et les ministères.

Noura al-Kaabi, une des nombreuses femmes d'affaires voilées vivant aux Émirats arabes unis, est la présidente-directrice générale de Twofour54, la plus grosse entreprise de production audiovisuelle d'Abu Dhabi. Elle porte une longue tunique noire qui la recouvre de la tête aux pieds, laissant apparaître un visage juvénile, quelques mèches de cheveux et ses mains ; au poignet, une montre Swatch noire et blanche, des élastiques et des scoubidous. Sous sa abaya noire, on distingue deux petites Converse blanches à lacets. Noura, trente ans, est une alliance déroutante de tradition et de modernité. Selon elle, elle incarne seulement la réalité des femmes vivant aux Émirats arabes unis. Si bien que les multiples réactions ou réflexions de certains Occidentaux sur le fait qu'elle porte l'habit traditionnel et couvre ses cheveux la font sourire. Elle me rapporte qu'en 2012 elle rencontre à Abu Dhabi un des cofondateurs de Twitter, Dom Sagolla. Le beau et grand jeune homme demande à Noura de poser avec lui pour une photo, qu'il poste sur son compte Path, avec le commentaire suivant : « Le groupe Twofour54 d'Abu Dhabi a une brillante PDG qui comprend parfaitement les médias sociaux+mobile. » Si la photo est classique (on les voit debout côte à côte et souriants), les commentaires de leurs amis ou connaissances le sont moins. Raven, un ami de Dom, réagit aussitôt : « Fantastique ! écrit-il, j'aurais aimé vivre dans un monde où Noura n'aurait pas à porter le hijab. » Noura répond alors gentiment qu'elle n'est pas du tout contrainte de porter le voile : « Je suis heureuse avec [le hijab], Raven, il ne m'empêche ni de diriger ni de vivre ☺ + il en existe des versions colorées. ». Ce à quoi Raven rétorque : « Noura, je suis heureux de l'entendre. J'aurais aimé que ce soit vrai pour toutes les femmes. » À l'inverse, un citoyen des Émirats reproche à la jeune femme de se tenir trop près du monsieur américain. Ils étaient à cinq centimètres l'un de l'autre ! « Là, je ne réponds pas, dit-elle en arborant un large sourire, cela montre bien qu'il y a encore du chemin à parcourir dans les deux sens… » Même dans la société libérale américaine, qui l'accepte mieux, du fait de son attachement historique au multiculturalisme, que la France, le voile représente un signe de soumission. Régulièrement, les musulmanes voilées regrettent que les Occidentaux refusent d'admettre qu'il ne les empêche pas de travailler et donc de s'émanciper à leur façon. C'est par leur valeur personnelle que les femmes veulent imposer le respect et non pas par leur voile ou par l'absence de celui-ci, car montrer ses cheveux ne rendrait pas les hommes et les lois arabes moins machistes.

Des histoires comme celle de Noura sont très peu connues en France, où bon nombre de personnes restent attachées aux clichés de « la femme voilée donc soumise », surtout en ce qui concerne les pays du Golfe. Ce sont les révolutions du printemps arabe qui ont permis aux sociétés occidentales de prendre conscience que les femmes voilées n'étaient pas obligatoirement des victimes. En tout cas pas davantage que les femmes sans voile. Mais pouvons-nous qualifier de féministes les femmes voilées qui défendent l'égalité des sexes ? Oui, sans aucun doute, si l'on s'en tient à la définition du dictionnaire : « Mouvement militant pour l'amélioration et l'extension du rôle et des droits des femmes dans la société », ou encore : « Attitude de quelqu'un qui vise à étendre ce rôle et ces droits des femmes : *Un féminisme actif*[1]. » Selon Hubertine Auclert, considérée comme la mère du féminisme français, ce dernier consiste en la défense des droits des femmes, et notamment du droit de vote. Pour les féministes du début du XXe siècle, l'objectif était d'obtenir l'égalité entre les hommes et les femmes au travail et plus d'équité dans le Code civil. En mai 1968, en France, avec le Mouvement de libération de la femme (MLF) s'ajoute le concept de la liberté du corps, sous-entendu de la sexualité, avec les revendications du droit à la contraception pour toutes, à l'avortement, au sexe pour le plaisir et non pas seulement pour la procréation. S'ensuit le droit de montrer ce que l'on veut de son propre corps sans être accusées d'aguicher les hommes.

En 2008, un tout nouveau genre de féminisme a surgi sur la scène politique, avec les Femen, mouvement originaire d'Ukraine qui utilise la nudité pour attirer l'attention sur les causes qu'il défend. Profondément anticléricales, les Femen opposent leur torse dénudé aux livres saints, s'attaquent aux symboles religieux monothéistes mais aussi aux dictatures. Il existe quelques Femen arabes, comme la très jeune Aliaa el-Mahdi qui a dû fuir l'Égypte et se réfugier en Scandinavie après avoir posté une photo d'elle

1. Larousse.

seins nus sur Internet en 2011. En Tunisie, Amina Tyler (alias Sboui) a fait de même deux ans plus tard et s'est retrouvée au tribunal, attirant les médias du monde entier. Ces deux jeunes femmes ont été soutenues par les féministes occidentales, lesquelles ont mené des campagnes de défense internationales. D'autres Femen sont allées manifester, seins nus, à Tunis par solidarité avec Amina. Cependant, la plupart des femmes arabes ont vivement critiqué leur démarche ; certaines l'ont même vécue comme une violence, convaincues que leur geste a causé plus de tort que de bien à la cause féministe arabe.

C'est en effet essentiellement sur la question de la nudité et du droit à montrer son corps, ardemment défendu par le mouvement féministe, et donc sur celle du voile, que se produit l'incompréhension entre femmes occidentales et orientales. Toutes les musulmanes n'ont pas envie de se dénuder en public ; beaucoup ne veulent pas non plus enlever leur voile. Elles n'en sont pas moins capables, tête couverte, de défendre leurs droits. Elles l'ont prouvé lors des révolutions de 2011, quand elles ont réclamé l'égalité de traitement devant la loi tout en rejetant l'idée qu'il leur fallait, pour obtenir ces droits, exhiber leur corps. Elles affirment se couvrir par choix, de la même manière que certaines féministes occidentales se dénudent librement. La plupart des féministes musulmanes ne jugent pas celles qui ne portent pas de voile ou s'habillent en jupe courte et décolleté ; elles ont même manifesté côte à côte pendant les révolutions arabes.

Liberté ou crainte d'être harcelées ? C'est une question qui se pose aussi. Aujourd'hui, dans les banlieues françaises, de plus en plus de femmes se couvrent la tête ; certaines par habitude culturelle, d'autres par convictions religieuses, et d'autres encore, sous la pression de leurs entourages, parents, fiancé ou mari, parce qu'elles voient dans le hijab une barrière (traduction littérale du mot arabe) entre elles et les hommes. Elles espèrent qu'il les aidera à se protéger contre le harcèlement et les agressions. Cette dernière raison de se couvrir est insupportable, et la moins admissible, car elle va bien au-delà de la volonté, compréhensible, de garder une distance avec des inconnus : elle est la conséquence d'une angoisse terrible qui prive ces femmes de deux droits fondamentaux, la liberté et la sécurité. Le voile est dans ce cas une atteinte à leur dignité et le signe d'une profonde injustice sociale. Victimes d'une pression sociale et sécuritaire difficile à combattre, les jeunes habitantes de quelques cités françaises ne seraient pas aussi libres de leur mouvement, et de leur accoutrement, que celles résidant dans des quartiers plus aisés. Le voile représente alors plus qu'un symbole de soumission : c'est celui d'un désespoir et d'une capitulation collectifs. En dépit du fait que ces jeunes femmes sont pour la plupart nées en France, qu'elles ont été scolarisées à l'école publique et informées par les mêmes médias, elles ne jouissent pas des mêmes libertés que leurs concitoyennes. Comme si, vivant là où elles vivent, elles appartenaient à une société différente, une sous-société étrangère au mode de vie de la majorité des Français. J'en ai vu certaines qui se résignent à ce manque de liberté : le voile, conditionné par leur cadre de vie, est en effet la seule protection à leur portée face à la violence ambiante. Il leur faut une force intérieure considérable et une solide indépendance économique pour se révolter sur ce sujet contre leurs proches ou leur environnement social. Du reste, le voile n'est pas la cause de leur soumission mais plutôt ce qui rend leur condition visible dans une société non musulmane : voilées ou pas, en effet, les plus faibles d'entre elles et les plus dépendantes sont inéluctablement soumises au diktat social, qui les contraint à jouer le seul rôle qui leur est autorisé, celui de fille, d'épouse, puis celui de mère.

La violence faite aux femmes, dans les banlieues et n'importe où ailleurs en France, ne doit cependant pas fausser notre opinion sur le hijab. Elle doit plutôt inciter l'État à garantir à tous ses citoyens, sans distinction du lieu de résidence, le fait de vivre en paix. Interdire le voile dans les lieux publics n'y contribuera pas plus que de répéter dans les médias que ces femmes violent les lois de la République et méprisent les droits que les Occidentales ont réussi à obtenir après d'âpres batailles. D'autant que les milliers de femmes françaises qui le choisissent librement n'ont pas du tout envie de se faire blâmer par les féministes, ni qu'on s'adresse à elles comme à des êtres immatures.

En effet, la majorité des femmes voilées que nous avons rencontrées ne se couvrent pas par peur d'être agressées. Il se développe plutôt un effet de mode renforcé par le besoin actuel de s'identifier à une communauté, comparable au mouvement Black Is Beautiful des femmes noires américaines, qui dans les années 1960 cessèrent de se lisser les cheveux pour arborer fièrement une coupe afro. Aujourd'hui, avec le voile, un nombre de plus en plus important de musulmanes expriment, à tort ou à raison, leur fierté d'appartenir à cette communauté. Une fierté que l'on perçoit bien dans le discours des musulmanes féministes, un mouvement né dans les années 1990 et qui regroupe des musulmanes du monde entier, cultivées, croyantes et pratiquantes. Ces dernières dénoncent les interprétations patriarcales du Coran ainsi que la vision partielle et subjective qu'ont les Occidentaux du voile en islam.

L'une d'elles, la Malaisienne Zainah Anwar, l'explique de manière simple : « Pour la plupart des femmes musulmanes, rejeter la religion n'est pas envisageable. Nous sommes des croyantes, nous voulons trouver la libération, la vérité et la justice dans notre propre foi[1]. » Elles ne veulent pas épouser les valeurs féministes de l'étranger parce qu'elles ne considèrent pas ou plus la femme occidentale comme un modèle à suivre. C'est là un changement majeur dans les milieux intellectuels musulmans qui influence forcément les musulmanes de France. Auparavant, et ce jusque dans les années 1990, les bourgeoisies arabes adoptaient et se battaient même pour faire appliquer dans leur pays les valeurs universelles de démocratie et de liberté telles qu'elles sont vécues en Occident avec,

1. Zainah Anwar, « Négocier les droits des femmes en Malaisie », *in* Zahra Ali, *Féminismes islamiques,* La Fabrique, 2012, p. 144.

entre autres, la liberté de disposer de son corps et de se vêtir ou se dévêtir sans contrainte. Désormais, une partie influente de cette classe moyenne, composée de femmes instruites et indépendantes, cherche des solutions pour s'émanciper sans renier sa culture, son histoire, ses traditions ni surtout sa religion. Beaucoup d'entre elles se voilent pour être en phase avec leur propre culture et se sentent à l'aise dans leurs vêtements qui cachent leur silhouette. Comme l'écrit l'anthropologue américaine d'origine palestinienne Lila Abu-Lughod, qui a étudié les sociétés musulmanes pendant plus de vingt-cinq ans : « L'habit islamique moderne, que de nombreuses femmes éduquées en Égypte ont commencé à porter à partir de la fin des années 1970, représente aujourd'hui de la piété et peut être interprété comme un signe de sophistication urbaine, une sorte de modernité. Ce que beaucoup de gens en Occident ne réalisent pas, c'est que les femmes en Égypte qui ont adopté cette forme de couvre-chef, dont certaines ont même couvert leur visage, sont des étudiantes à l'université et notamment des femmes qui se préparent à devenir médecins ou ingénieurs[1]. » Cette réalité contredit fortement l'image de la femme voilée et par conséquent soumise véhiculée en Occident qui, selon Abu-Lughod, sous-entend qu'elles « ont besoin d'être sauvées par nous ou par nos gouvernements[2] ». Une attitude que l'anthropologue qualifie de sentiment de supériorité

1. Lila Abu-Lughod ; « The Muslim Woman, the power of images and the danger of pity », *Eurozine*, 1er septembre 2006.
2. *Idem*.

qui ne prend en compte ni le libre choix ni la vision que ces femmes ont d'elles-mêmes.

Selon les féministes musulmanes, c'est surtout en faisant évoluer la réflexion sur les textes sacrés que la société finira par s'améliorer. Selon elles, focaliser sur le voile est une erreur, la vraie question étant l'interprétation patriarcale de la *chari'a* qui a détourné le sens de la parole divine pour empêcher les femmes de s'émanciper. Elles travaillent donc en profondeur sur le Coran et la Sunna et présentent des explications nouvelles qui réfutent des interprétations communes souvent machistes. Tous les musulmans ont en effet entendu et répété ce verset de la sourate « Al-Nisa' » (« Les femmes »), traditionnellement présenté comme une preuve que Dieu a donné aux hommes une sorte de tutelle sur les femmes : « Les hommes sont responsables (*qawwamun*) des femmes parce que Dieu a donné à l'un plus qu'à l'autre (*bima faddala*), et parce qu'ils les soutiennent par leurs moyens[1]. »

Margot Badran, spécialiste du féminisme en Égypte et l'une des premières à avoir employé le terme « féminisme islamique », explique le contexte dans lequel ce verset a été écrit : « Bien que fondamentalement égaux, les humains ont été créés biologiquement différents pour permettre la perpétuation de l'espèce. Et ce n'est que dans des contextes et des circonstances particulières qu'une distinction est faite entre les rôles et les fonctions qu'assument les hommes et les femmes. Ces dernières étant les seules à pouvoir accoucher ou allaiter, le Coran enjoint le mari, dans

1. Sourate 4, verset 34.

cette circonstance particulière, à apporter un soutien matériel[1]. » Elle lui oppose le verset 71 de la sourate « Al-Tawba » (Le Repentir ou le Désaveu), qui explique clairement que « les croyants, hommes et femmes, sont protecteurs l'un de l'autre ».

C'est en Iran que le féminisme islamique a vu le jour avec la création, en 1992, d'un magazine appelé *Zanan* (« femme » en persan). C'est en Iran également que le combat féministe a été des plus intéressants et des plus pertinents. Ziba Mir-Hosseini, militante féministe iranienne, a réalisé plusieurs études de terrain dans son pays natal. Elle raconte comment les femmes ont réussi à infléchir la loi sur la famille, pourtant imposée par l'ayatollah Khomeyni, père de la révolution chiite iranienne. Ces dernières, qui ont contribué à renverser le Chah en 1979 et porté les islamistes au pouvoir, explique-t-elle, ont été stupéfaites par les modifications de la loi sur la famille qui accordait le droit aux maris de divorcer sans l'accord de leurs épouses. Beaucoup ont découvert ce changement une fois convoquées au tribunal pour y être informées de leur divorce, à la demande de leur époux, acté sans qu'elles en soient prévenues. Loin de se soumettre ou de craindre des représailles, elles se sont révoltées et ont exprimé devant les juges leur indignation, demandant comment l'islam pouvait accepter une telle injustice ! Elles n'ont pas accepté l'interprétation de la *chari'a* sur le divorce, pourtant

1. Margot Badran, « Féminisme islamique : qu'est-ce à dire ? », *in* Zahra Ali, *Féminismes islamiques*, La Fabrique, 2012, p. 50.

soutenue par une majorité d'*oulémas*, des proches de Khomeyni, alors que jusque-là, en Iran, elle n'était pas appliquée. Et elles ont gagné la bataille : « Le renforcement des notions patriarcales de mariage et de divorce dans le *fiqh* ("droit et jurisprudence islamiques") avait créé de tels dégâts dans la vie familiale, un tel tumulte parmi les femmes, que le gouvernement avait été forcé de restaurer presque toutes les réformes qui avaient été démantelées du jour au lendemain par le seul communiqué... de l'ayatollah Khomeyni[1]. »

Les ayatollahs conservateurs se sont en effet trouvés devant une situation nouvelle qui les a pris de court. Lorsqu'ils étaient dans l'opposition, leur discours politique était bâti sur le rejet des valeurs occidentales et de « l'impérialisme culturel » pour justifier le retour à la *chari'a*. Plus tard, face à des musulmanes ayant participé à la révolution islamique et qui exigeaient l'égalité des droits en se fondant sur les mêmes lois coraniques, ils ont été contraints de prendre en considération les revendications des épouses. Parce que leur combat ne pouvait être accusé de nationalisme ou de colonialisme, les Iraniennes ont réussi à préserver certains droits civils malgré l'application de la *chari'a* dans le pays et la nature particulièrement répressive du régime de Téhéran. Selon Ziba Mir-Hosseini, c'est justement parce que cette lutte féministe est légitimée par l'islam et la *chari'a* qu'elle permettra un jour la séparation du religieux et du politique. « La mise en pratique [de

1. Ziba Mir-Hosseini, « Le projet inachevé », *idem*, p. 122.

l'islam comme religion d'État] a obligé les chefs religieux et les intellectuels musulmans ainsi que les citoyens ordinaires à repenser les notions du sacré et du temporel. Non pas que la *chari'a* a perdu de sa sainteté ou que les gens se détournent de l'islam. Mais plutôt que l'utilisation idéologique de la *chari'a* et sa pénétration dans les vies privées des individus ont provoqué un besoin urgent de séparer la religion de l'État[1]. » Une réflexion sans doute optimiste, mais réalisable dans le temps.

Toutefois, malgré l'importance que prend aujourd'hui le mouvement des féministes musulmanes, leurs voix sont très peu entendues lors des débats sur le voile dans les médias français. Certes la plupart d'entre elles s'expriment en anglais, mais il faut bien avouer que, surtout, leurs positions ne correspondent pas à celles de l'intelligentsia française. Rien que l'association de ces deux mots « islam » et « féminisme » sonne comme un paradoxe dans l'esprit d'une majorité de Français. Et même si les représentantes du féminisme islamique disent vouloir établir un dialogue avec les féministes occidentales, dans les faits elles semblent plutôt chercher à s'en affranchir. Elles adoptent généralement un point de vue anticolonial quand elles abordent la lutte pour l'égalité des sexes, comme si elles se méfiaient de tout ce qui vient d'Occident. Par conséquent, elles réfutent avec la même vigueur l'intégrisme musulman

1. Ziba Mir-Hosseini, *Women's Quest for Equality : Between Islamic Law and Feminism,* Center for Middle Eastern Studies.

patriarcal et le féminisme occidental, défini parfois comme « hégémonique ». Selon elles, leur lutte a fait davantage avancer la réflexion sur la condition de la femme dans le monde que le discours des féministes occidentales, si obnubilées par le voile en tant que « symbole de soumission » qu'elles n'envisagent plus la femme qui se trouve derrière.

C'est notamment à cause de cette focalisation que la fracture entre féministes occidentales et orientales est plus aiguë en France qu'ailleurs et, de mon point de vue, la responsabilité de cette situation doit être partagée entre musulmans et non-musulmans français. En effet, jusque-là les autorités n'ont répondu aux crises que par le renforcement de lois restrictives du port du foulard. Quant aux musulmanes voilées, elles n'ont entendu que les interprétations des religieux rigoristes et retenu que le hijab est une prescription religieuse malgré les avis contraires, pourtant bien documentés, des islamologues progressistes et des féministes musulmanes. Le foulard monopolise ainsi le débat sur l'islam en France, tout comme l'islam monopolise celui sur la laïcité, dont l'ennemi premier serait la femme musulmane. Là encore, il s'agit d'une exception française. Dans le monde musulman, des femmes mènent une réflexion sur leur avenir dans les pays appliquant la *chari'a* et une bataille sur l'interprétation des textes pour arriver à terme à l'égalité des sexes.

Les féministes musulmanes les plus en vue telles Margot Badran, Ziba Mir-Hosseini ou Zainah Anwar tiennent un discours apaisé, pédagogique et, fait intéressant, ne portent pas le hijab tout en se définissant croyantes et pratiquantes. À l'inverse, Saïda Kada, figure de proue de la première association française qui s'est revendiquée du féminisme islamique, est voilée. Jeune femme brillante et très active dans les milieux associatifs, Saïda Kada a fondé le mouvement Femmes françaises et musulmanes engagées, entre autres en réaction aux affaires du voile. Sa bataille n'est pas seulement dirigée contre les interprétations patriarcales des *oulémas,* elle se bat aussi pour le droit des femmes à se voiler librement en France. Proche des thèses de Tariq Ramadan, elle se place en outre dans une démarche sociale. Selon elle, le rejet du voile par la société française, ajouté au passé colonial et aux problèmes d'intégration des jeunes de banlieues ou de quartiers, a transformé le hijab en un « élément de revendication, pas politique, comme c'est faussement expliqué dans la presse, mais [féministe][1] ». Saïda Kada n'hésite pas à attaquer ses détracteurs : « Le féminisme à la française est à côté de ses pompes [...], c'est un féminisme bourgeois qui ne gère que des questions bourgeoises et qui laisse sur le bord de la route toute une catégorie de femmes[2]. » Ce n'est pas le voile qui empêche les femmes de s'émanciper mais bien l'interdiction qui leur est faite d'aller à l'école publique et de travailler qui les marginalise.

1. Interview de Saïda Kada par Zahra Ali, *Féminismes islamiques,* La Fabrique, 2012, p. 196.
2. *Idem,* p. 197.

Hélé Béji, écrivaine tunisienne laïque et non-pratiquante, a qualifié à contrecœur les jeunes femmes voilées d'aujourd'hui de « suffragettes du voile », dans le but de faire prendre conscience aux féministes occidentales que ce voile, porté par une nouvelle génération de filles, est loin d'être un symbole de soumission. Les « suffragettes » ont fait le libre choix de porter le hijab dans un pays démocratique, non musulman et non traditionnel pour entre autres réclamer le droit de pratiquer leur religion ouvertement et ce, en dépit de l'hostilité de la société où elles vivent. Selon Hélé Béji, les femmes voilées en France mèneraient une bataille pour « disposer comme elles veulent de leur corps » à l'instar de leurs aînées du MLF (Mouvement de libération des femmes). Elles s'habillent à contre-courant de la mode et des canons de beauté imposés par les créateurs, l'industrie et les publicitaires occidentaux ; elles souhaitent s'affranchir des lois du marché et de la société de consommation qui a sacrifié, de leur point de vue, les valeurs humaines. C'est aussi la manifestation d'une révolte contre l'image de la « femme objet ». En se couvrant les cheveux, disent-elles, elles imposent à l'autre de s'intéresser à ce qu'elles ont à l'intérieur et non pas strictement à leur apparence physique. C'est, en somme, leur mouvement féministe à elles, leur Mai-68 musulman du XXIe siècle. Signe d'appartenance à l'islam, le voile n'a pourtant rien de traditionnel pour les féministes musulmanes, il n'est pas une régression mais un message de la société musulmane moderne : « Les femmes qui se "revoilent" aujourd'hui ne sont pas là où on les croit. C'est leur fantôme que le féminisme combat[1] », affirme Hélé Béji.

Il suffit de discuter avec ces femmes pour s'apercevoir qu'elles se sentent fortes, indépendantes, libres et qu'elles ne veulent recevoir de leçons de personne et certainement pas de féministes ou d'intellectuel(le)s qui prétendent vouloir les affranchir du diktat de leur mari ou de leur père. Avec l'aide de leurs sœurs et de leurs frères en islam, elles veulent « libérer » les autres Françaises des banlieues défavorisées de leur statut d'enfants d'immigrés tenus à l'écart, parqués dans des cités loin de la France qui réussit. Leur bataille ne va pas à l'encontre des hommes, victimes eux aussi du système, mais de la société qui ne partage pas grand-chose avec eux et en tout cas pas leurs valeurs fondamentales de religion et de famille. Une société trop centrée sur la réussite professionnelle et sur l'argent, qu'elles désapprouvent par conviction profonde ou parce qu'elle leur est difficilement accessible. Les attaques des « combattants laïcs » contre le voile et les lois qui veulent l'interdire ne font que renforcer la volonté de ces « suffragettes » de l'afficher. Parce que ce hijab les valorise : elles passent du statut de jeunes femmes ordinaires à celui de *mou'mina*, des croyantes aux mœurs respectables et qui accordent peu d'importance aux considérations matérielles. Elles n'ont plus à être jugées selon leur

1. Hélé Béji, *Islam Pride,* Gallimard, 2011, p. 21. *Islam Pride* a été imprimé en janvier 2011, soit quelques jours avant la chute de l'ancien président tunisien Zine el Abidine Ben Ali et avant l'arrivée des intégristes d'Ennaha au pouvoir.

carrière ou leur classe sociale ; elles se sentent au-dessus de cela. Seule leur piété peut être jugée, et par Dieu uniquement. Une posture rassurante pour des jeunes en grande difficulté professionnelle, qui peinent à trouver un travail et plus encore à faire carrière dans des métiers valorisants, faute d'avoir entre autres choses les bons réseaux.

Contrairement à la réflexion des féministes musulmanes dans le reste du monde, en France, la focalisation sur le voile mène inéluctablement à un conflit entre féministes contre d'autres féministes dans une lutte de classe et de cultures qui alimente encore plus les tensions sociales entre enfants d'immigrés et Français de souche. Deux mondes qui vivent de plus en plus séparés : les « Blancs » qui ont pu quitter les banlieues sensibles, laissant derrière eux les basanés d'origine maghrébine et les Noirs d'origine africaine, dans des quartiers où le respect de la loi républicaine, à tous les niveaux, est souvent mis à mal. Ghéttoïsés, de leur point de vue, par la société française laïque, ils sont naturellement plus attachés à leur culture, leurs traditions, leurs valeurs et donc leur religion, qui les en différencie le plus. D'où la contradiction entre la volonté, claironnée par tous les gouvernements de la République, d'intégrer les citoyens d'origine étrangère et la réalité sur le terrain.

Jusque dans les années 1990, le phénomène était moins remarquable : les hommes musulmans ne « portent » pas obligatoirement leur religion (les barbes ne sont pas une prescription) et les femmes s'habillaient pour la plupart comme les autres femmes françaises, ou surtout restaient à la maison. Maintenant que certaines d'entre elles affichent leur identité et leur différence, elles renvoient à la République son échec en matière d'intégration. Ainsi, même si toutes ne le considèrent pas comme tel, le hijab est potentiellement devenu un message politique.

Les crises du voile à l'école

Les premières musulmanes arrivées en France dans les années 1960 accompagnaient leurs maris. Sur place, elles ne travaillaient pas à l'extérieur et ne se mélangeaient presque pas à la société française. Quand elles sortaient, leurs voiles étaient considérés comme traditionnels, culturels plus que religieux, et ne dérangeaient personne. Par ailleurs, à cette époque, les foulards étaient en vogue ; Audrey Hepburn, Maria Callas, Marilyn Monroe ou encore Jackie Kennedy, stars des années 1950-1960, en avaient toutes porté. Les créateurs de mode proposaient des « foulards cockpit », des « foulards rock » à arborer pour être encore plus belles.

Mais le foulard des immigrées a pris une tout autre connotation lorsqu'il a fait son apparition à l'école en tant que signe religieux. À la fin des années 1980, à une époque où l'on croisait peu de femmes en hijab dans les rues de France, de jeunes musulmanes se sont présentées voilées en classe, déclenchant un rejet quasi immédiat et fort violent. En France, l'école est le haut lieu de la laïcité, censé être protégé de toute influence politique et religieuse. Pour la majorité, l'école est plus sacrée que la religion et ce, pour une raison fondamentale : « Depuis plus d'un siècle, la République et l'école se sont construites l'une avec l'autre... L'école de la République, ciment de la nation, est la source de l'identité française[1]. » Forcer cette enceinte en y laissant entrer la religion était inacceptable. Les crises à répétition qui semblent ne pas vouloir s'arrêter depuis le prouvent bien.

La première affaire du voile dans un lycée est rapportée par les médias, dans la foulée de la rentrée scolaire, le 18 septembre 1989. Trois jeunes Françaises d'origine maghrébine se présentent à leur école à Creil, dans l'Oise, avec un hijab sur la tête. Ni le proviseur ni les enseignants ne sont préparés à affronter la crise qui va éclater. D'une seule voix, ils demandent aux lycéennes d'ôter leur foulard avant d'entrer en classe ; celles-ci refusent. Décision est prise de les exclure de l'établissement. Face à deux des filles et à leur père, un « barbu » en habit traditionnel, qui crient à la discrimination, le ministère de l'Éducation nationale est sommé de se prononcer. Lionel Jospin, alors ministre, commence d'abord par demander au chef d'établissement de rétablir le dialogue avec les lycéennes et de les convaincre de retirer leur foulard à l'intérieur de l'établissement.

De leur côté, les milieux laïcs et républicains dénoncent une manipulation de ces jeunes filles par

1. Dominique Borne et Jean-Paul Delahaye, « État, laïcité, religions », *Regards sur l'actualité,* La Documentation française, numéro 298, février 2004.

les intégristes musulmans, accusés de vouloir remettre en cause la laïcité en France. Des médiations sont tentées, mais rien n'y fait. La presse nationale puis internationale s'empare de cette affaire, les esprits s'échauffent et l'on échoue sur une voie sans issue. Ni les jeunes filles qui mettent en avant leur liberté de culte et leur droit à fréquenter l'école publique, ni le proviseur qui défend la règle de l'école de la République laïque (« Notre objectif est de limiter l'extériorisation excessive de toute appartenance religieuse ou culturelle. Je vous prie de leur donner la consigne de respecter le caractère laïc de notre établissement ») ne veulent céder.

Des paroles lourdes de conséquences sont alors proférées à l'endroit des filles voilées en particulier, et des musulmans pratiquants en général. Le 17 octobre, soucieux de recouvrer un peu de sérénité dans le débat, Lionel Jospin met en garde contre l'exclusion et la marginalisation des filles voilées, alors que l'école est faite « pour accueillir les enfants[1] ». Quelques jours plus tard, Alain Finkielkraut, Élisabeth Badinter et Régis Debray, pour ne citer qu'eux, lui adressent une lettre ouverte, publiée dans *Le Nouvel Observateur*, dans laquelle ils qualifient son attitude de « Munich de l'école républicaine[2] ». Sans réserve aucune, ni le moindre recul, l'appel du ministre de l'Éducation à la réflexion et au dialogue avant de trancher les cas de foulard à l'école est aussitôt assimilé à la lâche

1. http://www.youtube.com/watch?v=jILp_j9N8Iw

2. « Profs, ne capitulons pas ! », *Le Nouvel Observateur*, 2 novembre 1989.

capitulation des gouvernements européens face au nazisme, actée à Munich en septembre 1938, et le port du voile comparé à la Seconde Guerre mondiale !

Le 4 novembre, Lionel Jospin se tourne vers le Conseil d'État et requiert son avis sur les « jeunes qui porteraient des signes religieux à l'école ». Cependant, Michèle André, secrétaire d'État aux Droits de la femme, n'attend pas l'avis du Conseil et donne le sien de façon intempestive : « Le foulard est le symbole de la soumission de la femme à l'homme », déclare-t-elle. Aucune discussion possible : pas de voile à l'école et on n'en parle plus ! La réaction de certains jeunes musulmans ne se fait pas attendre. D'autres élèves se présentent à l'école, voilées elles aussi. Par solidarité avec les filles, des garçons musulmans refusent de participer à des cours qu'ils jugent incompatibles avec leur religion.

Le 27 novembre 1989, après deux mois de débats passionnés et souvent agressifs, le Conseil d'État rend son avis sur une base purement juridique : « Le port d'insignes religieux par les élèves n'est pas en soi incompatible avec la laïcité » tant qu'ils ne revêtent pas « un caractère ostentatoire ou revendicatif ».

La « laïcité pluraliste ou libérale » remporte une première bataille contre la « laïcité de combat », mais le débat se poursuit et les questions fusent de toutes parts. Le foulard est-il ostentatoire ? Et si les élèves portaient un bandana ? Afficher sa religion est-il un acte revendicatif ou le simple respect d'une croyance religieuse plus visible que d'autres ? Puisque les réponses ne sont pas évidentes et que nombre de Français craignent que le principe de l'école laïque et républicaine soit en danger, les filles restent à la bibliothèque. Le principal du collège de Creil a considéré que le Conseil d'État n'a pas démenti le principe de laïcité.

Les responsables politiques, quant à eux, ne tranchent toujours pas. Puis, comme par miracle, début décembre les filles retournent à l'école... sans leur voile. On apprendra bien plus tard que le roi du Maroc Hassan II est intervenu. Les pressions, amicales ou menaçantes – nous ne le saurons pas –, auprès des parents se sont avérées efficaces sur le moment. Mais, comme toute solution autoritaire, elle n'a pas empêché la polémique d'éclater de nouveau dès la rentrée suivante, en Seine-Saint-Denis, dans la région parisienne. Au collège Jean-Jaurès de Montfermeil, cinq élèves voilées sont à leur tour exclues sur la base d'un article du règlement intérieur de l'école interdisant « tout signe distinctif, vestimentaire ou autre, d'ordre religieux, politique ou philosophique ». La famille porte plainte, et la décision d'exclusion ainsi que l'article du règlement intérieur sont annulés par le Conseil d'État qui juge qu'une interdiction générale et absolue des appartenances religieuses « est illégale ».

À l'inverse, en 1993, le Conseil d'État rend un avis défavorable à l'encontre de cinq élèves du collège Xavier-Bichat, à Nantua, et d'une autre jeune fille, à Grenoble, qui refusent d'ôter leur hijab en cours d'éducation physique. Des manifestations de soutien aux élèves s'organisent alors devant les établissements. L'exclusion des jeunes filles est maintenue. Le Conseil d'État estime que dans l'affaire de Nantua « le port de ce foulard est incompatible avec le bon déroulement des cours d'éducation physique » et qu'il entraînait des troubles au sein de l'établissement[1]. À Grenoble, la collégienne exclue observe deux jours de grève de la faim dans un camping-car stationné aux portes de son école. Là encore, l'exclusion est confirmée par le recteur de Grenoble.

Les affaires de voile à l'école vont se multiplier, provoquant l'exclusion d'un nombre grandissant d'élèves. À Lille, en 1994, dix-sept élèves sont sommées de quitter leur établissement scolaire pour motif de « troubles à l'ordre public ». Désormais des jeunes filles voilées sont exclues pour garantir le bon fonctionnement des établissements plutôt qu'en raison de leurs signes d'appartenance religieuse.

La situation s'aggrave encore quelques années plus tard, en 2002, quand une élève exclue est réintégrée au lycée Léonard-de-Vinci, à Tremblay-en-France, sur décision du rectorat de Créteil. Les professeurs se mettent alors en grève pendant une semaine, jusqu'à ce qu'un compromis soit trouvé : la jeune fille est autorisée à réintégrer son lycée mais avec un foulard qui montre ses oreilles et la racine de ses cheveux.

Au fil du temps et des affaires, les rapports se tendent entre les élèves voilées et le corps enseignant. Les manifestations de soutien des musulmans à leurs coreligionnaires devant les établissements scolaires

1. « Voile à l'école, les principales dates », rtl.fr, 11 décembre 2003. http://www.unc.edu/depts/europe/conferences/Veil2000/chronologie2.pdf

ne font que conforter les responsables dans leur intransigeance face à ce qui apparaît de plus en plus comme un mouvement politisé.

Le contexte international aggrave encore ce sentiment de danger islamiste et favorise les amalgames. Plusieurs événements dramatiques ont en effet profondément marqué les esprits, comme la victoire aux élections algériennes du Front islamique du salut en 1990 et 1991, les assassinats de Français en Algérie (les époux Jourdan en 1995, les moines de Tibéhirine et Pierre Claverie, l'évêque d'Oran, en 1996) attribués aux islamistes, l'attaque à la voiture piégée contre le World Trade Center à New York, en février 1993, et, moins de deux années plus tard, le détournement à Marignane de l'Airbus A300 d'Air France par le Groupe islamique armé.

Quelques mois plus tard, en octobre 2003, éclate une nouvelle affaire de voile à l'école qui prend des proportions plus importantes que les précédentes. Lila et Alma Lévy, deux sœurs de seize et dix-huit ans, de père juif et de mère musulmane, se font exclure du lycée Henri-Wallon à Aubervilliers, en Seine-Saint-Denis, parce qu'elles portent le voile. Le père, communiste, se dit athée ; il ne se réjouit pas, déclare-t-il, de la conversion de ses filles à l'islam mais souhaite respecter leur choix. Par conséquent, il ne comprend pas pourquoi elles seraient privées de leur droit à poursuivre leurs études à l'école publique. Les deux jeunes filles ont délibérément choisi de se couvrir les cheveux. Elles l'expliquent distinctement sur les plateaux de télévision, puis dans un livre[1]. Elles ne se considèrent pas soumises et pointent certaines incohérences dans l'attitude de la direction de l'établissement. Cette dernière a en effet proposé aux jeunes filles de rendre leur foulard moins « islamique » en le relevant au-dessus des oreilles – celui qu'elles portent couvre les cheveux, le front et le cou, raison pour laquelle il est défini comme « voile islamique », donc comme un signe ostentatoire, contraire aux principes de laïcité et aux valeurs républicaines. Légèrement adapté, comme cela a été le cas à Tremblay-en-France, il ne serait plus considéré comme la manifestation d'une appartenance religieuse mais comme un choix vestimentaire. Lila et Alma en sourient et persistent dans leur volonté de ne rien changer ; elles ne sont pas réintégrées à l'école et le débat s'enflamme une nouvelle fois. Les mêmes protagonistes montent au créneau mais la donne a changé : principal adversaire des forces laïques, l'Union des organisations islamiques de France, proche des Frères musulmans, est beaucoup plus influente qu'en 1989. Et alors que Lila et Alma n'ont aucun rapport avec l'UOIF, l'organisation se lance dans la bataille du voile, radicalisant et politisant inévitablement le discours.

Jacques Chirac, chef de l'État, réclame alors une commission parlementaire de réflexion sur l'application du principe de laïcité dans les espaces publics (école, mais aussi hôpitaux, prisons, etc.) et ne cache

1. Alma Lévy, Lila Lévy, Yves Sintomer, Véronique Giraud, *Des filles comme les autres : au-delà du foulard*, La Découverte, coll. « Cahiers libres », 2004.

plus sa volonté de voir le voile interdit à l'école. La commission, présidée par Bernard Stasi, regroupe des élus, des sociologues, des islamologues, des religieux et des responsables associatifs. Essentiellement des opposants au foulard. Fait intéressant : lors de la formation de la commission, la plupart de ses membres bien qu'opposés au port du voile ne souhaitaient pas l'interdire par une loi. Au fur et à mesure des auditions, les avis ont changé.

Ainsi, quand elle rend son rapport le 11 décembre 2003, la commission préconise une loi qui interdit les signes religieux et politiques « ostensibles[1] » à l'école publique, contredisant ainsi l'avis du Conseil d'État qui avait préféré le terme « ostentatoire ». Le premier décrit l'attitude de celle ou celui qui ne cherche pas à cacher quelque chose alors que « ostentatoire » signifie quelqu'un qui veut être remarqué, qui s'affiche de manière indiscrète – ce qui peut aussi être interprété comme un message qu'il ou elle veut adresser aux autres. À l'évidence, la commission a voulu interdire le hijab même s'il ne revêt pas un caractère prosélyte. La laïcité de combat emporte la deuxième manche et parmi leurs arguments pour justifier l'interdiction, il y a cette phrase qui a particulièrement étonné les laïcs les plus tolérants et une grande partie des musulmans : « Comme toute liberté publique, la

1. « Les tenues et signes religieux interdits sont les signes ostensibles, tels que grande croix, voile ou kippa. Ne sont pas regardés comme des signes manifestant une appartenance religieuse les signes discrets que sont par exemple médailles, petites croix, étoiles de David, mains de Fatima, ou petits Coran. »

manifestation de la liberté de conscience peut être limitée en cas de menaces à l'ordre public. » Une déclaration interprétée par certains comme une assimilation de l'islam au terrorisme. D'autres y voient une accusation de manipulation des jeunes filles voilées par des groupes politico-religieux qui veulent ébranler les fondements de la République laïque.

Des voix s'élèvent encore aujourd'hui pour contester les travaux de la commission, et notamment le choix des personnes auditionnées. Les témoignages du personnel enseignant « allaient tous dans le même sens : non seulement ils étaient en faveur de la loi, mais ils donnaient une image effrayante de la vie dans les collèges et les lycées », écrit Alain Gresh dans *Le Monde diplomatique* daté du 5 avril 2013. Le journaliste s'interroge : « Pourquoi la commission n'a-t-elle pas entendu ni les voix dissidentes qui existaient dans les établissements auditionnés, ni celles qui s'élèvent dans des collèges et lycées à problèmes où les enseignants règlent sur le terrain les difficultés ? Ni consulté des sociologues qui travaillent depuis des années sur ces questions ? » La commission n'ayant écouté que deux femmes voilées, le dernier des dix-sept jours d'audition, difficile en effet d'avancer des arguments contradictoires qui auraient pu être débattus au fur et à mesure de l'avancée des travaux.

Les prises de position du président de la République ont-elles pesé dans la décision ? La question peut être posée en toute objectivité. La loi est votée le 15 mars 2004 et suit les recommandations de la commission Stasi : « Dans les écoles, les collèges et les lycées publics, le port de signes ou tenues par lesquels les élèves manifestent ostensiblement une appartenance religieuse est interdit. » La loi était sans doute nécessaire pour établir une limite, une sorte de ligne jaune que la religion, quelle qu'elle soit, ne doit pas franchir en France : celle de l'école laïque, autrement dit de la liberté de conscience des enfants, même si le concept de liberté de conscience est moins pertinent pour des lycéennes entre seize et dix-huit ans. Mais il faut reconnaître que c'était une loi motivée par des considérations politiques, contrairement à l'avis du Conseil d'État qui, lui, est strictement juridique, se fondant sur l'esprit de la loi de 1905 qui s'oppose au prosélytisme et interdit l'affichage des croyances par le corps enseignant ou l'établissement scolaire – mais pas nécessairement par les élèves. La loi de 2004 a été vraisemblablement voulue comme une réponse à une peur véhiculée par certains politiques dans les médias, selon laquelle les intégristes musulmans affaiblissent la nation française en s'attaquant à ses fondamentaux que sont laïcité, égalité entre les hommes et les femmes et rejet du communautarisme. Or cette loi s'applique à tous les musulmans, dont la plupart adhèrent à ces valeurs, et pas seulement aux intégristes. Toute une communauté se sent d'autant plus stigmatisée que celles qui portent le voile par simple respect des traditions seront exclues de l'école de la République, ce pilier de la nation française. Pour beaucoup, cela signifie que l'identité musulmane de ces Françaises pratiquantes est jugée incompatible avec leur identité française. Entre l'une et l'autre, désormais, on les somme de choisir.

Le traumatisme a été plus profond encore que les responsables politiques n'ont pas émis de message de tolérance envers les musulmanes qui se couvrent par piété ou pudeur. Le manque de clarté dans l'attitude du gouvernement est à déplorer : délibérément ou non, il a laissé penser que la pratique même de la religion était en cause, et non pas seulement son instrumentalisation politique.

Près de dix ans plus tard, il est légitime de chercher à savoir à quoi a servi cette loi du 15 mars 2004. Il est de notoriété publique que des jeunes filles voilées continuent de fréquenter l'école de la République, sans que cela ne provoque de nouveaux scandales. Une majorité de professeurs et de proviseurs ne souhaitent pas exclure ces jeunes élèves ni les priver d'une éducation de qualité dans un environnement multiculturel et laïc. Aucun moyen n'ayant été trouvé pour empêcher ces adolescentes de porter le voile, de gré ou forcées par leur entourage, une partie du corps enseignant a préféré les accepter tant qu'elles ne font pas de prosélytisme religieux ou de propagande politique et en espérant, peut-être, qu'un jour elles l'ôteront par conviction et non par coercition.

La loi du 15 mars 2004 n'a pas non plus freiné la progression du port du hijab ; le monde entier a amorcé un retour à la religion avec à disposition des médias plus accessibles, et potentiellement prosélytes. Il est donc illusoire de penser que les musulmanes françaises ne porteront pas le foulard. C'est mathématiquement improbable. Près de cinq millions de musulmans vivent en France, dont une moitié de femmes. D'après un sondage réalisé en 2003[1], près de 20 % des musulmanes adultes portent le voile en France. Nous pouvons par conséquent estimer à plus de 150 000 le nombre de femmes voilées dans l'Hexagone, et ce chiffre a dû augmenter considérablement depuis. Et pourtant, ce ne sont pas les lois qui manquent.

Depuis la Révolution française, cinq principaux textes ont affirmé, puis réaffirmé le caractère laïc de la République :

— 1789, la Déclaration des droits de l'homme et du citoyen : « Nul ne doit être inquiété pour ses opinions, même religieuses. » Cela signifie une absolue liberté de conscience et une relative liberté de culte.

— 1905 : « La République assure la liberté de conscience, elle garantit l'exercice des cultes. »

— 1946 : « La liberté de conscience et des cultes est garantie par la neutralité de l'État. »

— 1958 : « La France est une République indivisible, laïque[2] [...]. »

Trois circulaires ou décrets ont régi la manifestation religieuse dans les institutions de l'État. Une circulaire en 1903 a interdit tout emblème religieux dans les écoles publiques ; celle de 1936 a banni toute propagande religieuse ou politique. Enfin, le décret-loi de 1937 interdit toute proclamation d'une appartenance

1. Sondage Ifop pour le magazine *Elle*, réalisé en face à face du 21 au 29 novembre 2003 auprès d'un échantillon de 300 femmes issues d'une famille d'origine musulmane.

2. Rappelés par Jean-Michel Dubernard, président de la commission des affaires culturelles, familiales et sociales de l'Assemblée nationale, le 4 décembre 2003.

politique ou religieuse ainsi que toute forme de prosélytisme dans les établissements d'enseignement public. Reprenant sans doute ce dernier, François Bayrou, alors ministre de l'Éducation nationale, affirme dans une circulaire datée de 1994 que les signes religieux « sont eux-mêmes des éléments de prosélytisme », sous-entendu qu'ils doivent être proscrits.

C'est finalement la loi du 15 mars 2004 qui interdit explicitement le voile à l'école, sans clore le débat néanmoins. Bien au contraire même puisque, en août 2013, la question d'étendre cette interdiction à l'université est maintenant posée. Le quotidien *Le Monde* relance le débat en publiant un rapport du Haut Conseil à l'intégration qui propose l'adoption d'une loi interdisant « dans les salles de cours, lieux et situations d'enseignement supérieur, les signes et tenues manifestant ostensiblement une appartenance religieuse[1] ». Le rapport est adressé à l'Observatoire de la laïcité qui a commencé ses travaux en avril 2013. Ce dernier, présidé par le socialiste Jean-Louis Bianco, ne semble pas défendre la position du HCI mais l'affaire est reprise par la presse et notamment par *Le Figaro* qui consacre sa « une » datée du 9 août à un sondage IFOP selon lequel 78 % des Français seraient contre le port du voile dans les salles de cours à l'université[2].

1. Severin Millet, « Le port du voile à l'université remis en question », lemonde.fr, 5 août 2013.

2. Carole Beyer et Jean-Marc Leclerc, « Une majorité de Français contre le voile islamique à l'université »; *Le Figaro*, 9 août 2013.

Depuis la première affaire du voile en 1989, chaque fois que le débat est relancé, extrémistes laïcs et musulmans se sont affrontés avec une violence verbale déraisonnable étant donné la gravité du problème.

Élisabeth Badinter, philosophe et féministe très sollicitée par les médias, portant le nom de son mari à qui l'on doit entre autres l'abolition de la peine de mort en France en 1981, est de toutes les batailles. Ses idées sont tranchées : « Je ne comprends pas ce besoin actuel d'exhiber une identité religieuse[1] », affirme-t-elle. Selon Mme Badinter, il est inacceptable de discuter même des raisons qui incitent ces jeunes filles à couvrir leurs cheveux. Elle réfute catégoriquement le débat et préconise une seule issue possible : leur interdire l'accès à l'école publique. Puis, s'adressant cette fois aux femmes qui portent le niqab, elle leur demande pourquoi « ne pas gagner les terres saoudiennes ou afghanes où nul ne vous demandera de montrer votre visage, où vos filles seront voilées à leur tour, où votre époux pourra être polygame et vous répudier, ce qui fait tant souffrir nombre de femmes là-bas[2] ». En d'autres termes : *France, love it or leave it,* pour reprendre le fameux slogan xénophobe des années 1960, aux États-Unis.

Sans surprise, les réactions des musulmans à ses propos, sur les forums et sur les réseaux sociaux, ont été immédiates. Elles lâchent sans détour qu'Élisabeth

1. Élisabeth Badinter, « Un peu de kantisme dans notre société serait bienvenu », *Le Monde,* 28 septembre 2011. Propos recueillis par Jennifer Schwarz.

2. Élisabeth Badinter, « Adresse à celles qui portent volontairement la burqa », *Le Nouvel Observateur,* juillet 2009.

Badinter attaque les femmes pudiquement voilées alors qu'elle est elle-même la première actionnaire de l'agence Publicis[1] qui exhibe le corps dénudé des femmes à des fins commerciales, et fustigent son hypocrisie. Un argument souvent brandi par les islamistes qui réfutent les accusations d'inégalité de traitement entre hommes et femmes en islam : ce ne sont pas les hommes musulmans qui manquent de respect aux femmes en leur demandant de se couvrir mais bien les Occidentaux qui les instrumentalisent pour vendre toujours plus de produits et réaliser toujours plus de profits.

Autre combattant laïc notoire, souvent excessif dans ses propos, à s'être attiré les foudres de la communauté musulmane du monde entier, Bernard-Henry Lévy explique dans un entretien accordé au *Jewish Chronicle* de Londres[2], que le voile ne peut être une protection contre le viol mais, au contraire, une « invitation au viol ». Sans nul doute, ces propos décrédibilisent celles et ceux qui défendent sincèrement la laïcité et les font passer pour des xénophobes, ou pour des islamophobes. Ils mettent surtout en évidence l'importance, pour tous les Français, de la question du voile dans l'espace public, tout particulièrement à l'école, et de la nécessité d'en débattre aussi sereinement que possible.

1. Élisabeth Badinter est la fille du fondateur de Publicis, Marcel Bleustein-Blanchet ; elle détient moins de 9,2 % de l'Autorité des marchés financiers. Challenges.fr, le 9 août 2012.

2. Jenny Frazer, « The Pop Philosopher Unveiled the Jewish Chronicle », *Jewish Chronicle,* 12 octobre 2006.

Le voile au travail

Au début de l'année 2013, des députés notamment de droite ont tenté de faire voter une nouvelle loi sur le voile en entreprise. Une fois de plus, en réaction à une affaire qui a mobilisé les défenseurs de la laïcité de combat, les progressistes, les associations musulmanes et bien sûr les journalistes.

Tout a commencé avec le licenciement de l'employée d'une crèche – Baby-Loup – ouverte vingt-quatre heures sur vingt-quatre et sept jours sur sept pour les mamans de Chanteloup-les-Vignes, dans les Yvelines, obligées de par leur emploi de travailler à des horaires décalés (la nuit, le matin aux aurores). Fatima Afif était salariée de la crèche Baby-Loup depuis onze années ; elle portait occasionnellement le foulard[1]. Lorsqu'elle revient de son congé maternité vêtue d'un jilbeb, une tunique ample et longue avec un voile couvrant l'ensemble du corps à l'exception du visage, la direction lui demande de se changer par respect du règlement intérieur qui exige la neutralité

1. Élodie Émery, « Baby-Loup, une brochette de stars laïques défend une crèche exemplaire », marianne.net, 9 novembre 2010.

religieuse. Fatima refuse et se fait licencier. Quand elle porte plainte contre son employeur, la direction mobilise tous ses soutiens. Ils sont nombreux devant les prud'hommes de Mantes-la-Jolie, le 8 novembre 2010, pour assister à l'audience au milieu d'une importante présence policière. « Côte à côte, Manuel Valls, le député-maire PS d'Évry, défenseur d'une stricte laïcité, la philosophe Élisabeth Badinter, marraine de la crèche, Jeannette Bougrab, présidente de la Haute Autorité de lutte contre les discriminations et pour l'égalité (Halde). Saisie par Fatima Afif, cette instance s'est invitée dans le dossier. Juste avant son départ, et son remplacement par Jeannette Bougrab, Louis Schweitzer, le précédent président de l'institution, avait créé la surprise en rendant une délibération approuvant Fatima Afif. La nouvelle présidente avait fait connaître son désaccord. Et a tenu à assister à l'audience, comme témoin muet, tout comme Élisabeth Badinter[1]. »

Le conseil des prud'hommes valide le licenciement pour faute grave et pour cause d'« insubordination caractérisée et répétée ». Le jugement mentionne également le règlement intérieur de la crèche, qui interdit le port de signes religieux au nom du principe de « neutralité ». L'avocate de Fatima Afif a quant à elle tenu à préciser que le règlement en question avait été agrégé tout récemment alors que Fatima travaillait déjà en foulard, ce qui est probable puisqu'il a été introduit en 2003 pendant le congé

1. Catherine Coroller, « Un voile entre deux mondes devant les prud'hommes », libération.fr, 9 novembre 2010.

maternité de l'employée. Elle et sa cliente portent l'affaire devant la Cour de cassation qui, le 19 mars 2013, annule le licenciement en se fondant sur un argumentaire purement juridique. En effet, la cour juge cette décision discriminatoire et la justifie en ces termes : « Le principe de laïcité instauré par l'article 1er de la Constitution n'est pas applicable aux salariés des employeurs de droit privé qui ne gèrent pas un service public ; [...] il ne peut dès lors être invoqué pour les priver de la protection que leur assurent les dispositions du Code du travail. » Manuel Valls, nommé entre-temps ministre de l'Intérieur dans le nouveau gouvernement, réagit à chaud dans l'hémicycle de l'Assemblée nationale. Reconnaissant toutefois sortir de son rôle, il déclare regretter cette décision qui représente selon lui « une mise en cause de la laïcité ». Jamais un ministre ne s'était jusque-là permis de commenter une décision de justice, encore moins lorsqu'elle émane de la plus haute autorité judiciaire de l'État. Cette attitude montre bien encore une fois à quel point le sujet du voile perturbe la société française, peine à être sereinement débattu et autorise les dérapages les plus surprenants.

Sans surprise cette fois, les réactions de la société civile ne se sont guère fait attendre. Trois jours plus tard, le 22 mars, des personnalités avec à leur tête Élisabeth Badinter, soutenues par le magazine *Marianne*, estiment que si la loi ne peut interdire le port du voile dans les structures privées, alors il faut qu'elle soit changée. Et pour accompagner leur « indignation », elles lancent une pétition qui commence ainsi : « Le moment est grave, nous sommes dans une heure de vérité où la laïcité en France doit absolument être consolidée et réaffirmée, faute de quoi elle subira un recul dramatique... Dans un État laïc, il serait ainsi permis de créer une crèche privée religieuse, mais pas une crèche laïque ? Impérative pour la puissance publique, la laïcité serait interdite aux citoyens et aux structures privées ? [...] C'est au législateur, concluent-elles, qu'il revient de remédier à cet état de confusion et de combler ce vide juridique qui, menaçant gravement l'application de la laïcité, principe constitutionnel de notre République, met en péril le vivre ensemble. » Une déclaration qui occulte l'esprit original de la laïcité. Celle-ci ne prône pas l'interdiction de toutes les religions mais affirme la liberté de tous les cultes. La séparation de l'Église et de l'État est, il faut le rappeler chaque fois que nécessaire, une garantie contre la mainmise d'une religion sur l'ensemble de la société.

Dans la foulée, l'UMP dépose une proposition de loi pour permettre aux entreprises privées d'« inscrire dans leur règlement intérieur le principe de neutralité à l'égard de toutes les opinions ou croyances en fonction des tâches exercées ». Neutralité signifiant dans ce cas précis interdiction et, n'ayons pas peur des mots : harcèlement. Un détournement là encore des principes de la laïcité en France.

Pourtant, un sondage BVA pour iTélé, réalisé les 21 et 22 mars, révèle qu'une majorité écrasante de Français désapprouvent la décision de la Cour de cassation. À la question : « La cour a jugé que le principe de laïcité instauré par notre constitution ne s'appliquait qu'aux employés de services publics et pas aux salariés d'entreprises privées. Vous personnellement êtes-vous favorable ou opposé à cette décision de la Cour de cassation ? », 85 % répondent qu'ils lui sont défavorables. À la deuxième question : « Si l'on proposait que soit interdit le port visible de tout signe d'appartenance religieuse ou politique dans les entreprises privées, seriez-vous favorable ou opposé à une telle loi ? », 83 % disent y être favorables. Les sondeurs rappellent que Manuel Valls, quand il était encore dans l'opposition, avait déjà proposé que les signes d'appartenance religieuse soient interdits dans les entreprises privées. Ce sondage vient le conforter[1].

Invité sur le plateau du « 20 heures » de France 2, François Hollande se déclare favorable à une réglementation qui encadre le port du voile dans les entreprises privées, « là où il y a contact avec le public, mission d'intérêt général, mission de service public[2] ». En disant cela, il reste fidèle à une de ses promesses de campagne : s'il est élu, il n'y aura « aucune dérogation en matière de laïcité ».

C'était le 28 mars 2013. On s'aperçoit qu'en moins de dix jours, hommes politiques et intellectuels français ont communiqué massivement dans les médias pour faire passer l'idée qu'il fallait une nouvelle loi pour interdire les signes religieux dans toutes les écoles, y compris dans les établissements privés, mais aussi, et c'est inédit, dans les entreprises privées. En clair : si la loi est votée, grandes croix, Coran ou étoiles de David en pendentifs, kippas et voiles seront désormais

1. Sondage réalisé par BVA pour « CQFD », iTélé, le 22 mars 2013.
2. David Pujadas, « Journal de 20 heures », France 2, 28 mars 2013.

proscrits en dehors de chez soi. Or, celles et ceux qui se sont déclarés favorables à une telle loi pensaient vraisemblablement, et surtout, au voile.

Une fois l'emballement médiatique retombé, François Hollande et son gouvernement ont dû prendre conscience qu'il n'était pas facile, et peut-être même contre-productif, de faire voter une énième loi sur le port du voile là où, mise à part l'affaire de la crèche Baby-Loup, il ne semblait pas y avoir de crise. Le président de la République a alors appelé à la réflexion et a demandé à l'Observatoire de la laïcité de procéder à un état des lieux de la situation en France aujourd'hui, puis de rendre un avis sur l'éventuelle nécessité d'encadrer par une nouvelle loi le port de signes religieux dans les entreprises privées. Dans sa lettre à l'Observatoire, il cite spécifiquement le cas de la crèche de Chanteloup-les-Vignes.

« En 1905, écrit-il, la laïcité était simplement la séparation de l'État et des cultes. Aujourd'hui, elle est une frontière entre ce qui relève de l'intime, qui doit être protégé, et ce qui appartient à la sphère publique, qui doit être préservé. Et comme toute frontière, il n'est pas toujours aisé de la tracer.

Je prendrai un exemple. L'arrêt rendu par la Cour de cassation sur la crèche Baby-Loup a soulevé la question de la définition et de l'encadrement de la laïcité dans les structures privées qui assurent une mission d'accueil des enfants. Je demande donc à l'Observatoire d'émettre rapidement, en lien avec le Défenseur des droits et en tenant compte des consultations que le Premier ministre aura faites avec l'ensemble des groupes parlementaires, des propositions sur ce point. »

Le ton a nettement changé à gauche à l'heure de la recherche d'un consensus. À droite, en revanche, Éric Ciotti, député UMP des Alpes-Maritimes, a continué à réfléchir à un projet de loi qui modifierait le Code du travail afin de permettre aux directions d'entreprises d'interdire les signes religieux sur le lieu de travail. Seuls l'UMP et le Front national ont soutenu ce projet de loi. Il a été rejeté le 6 juin 2013 par les députés de la majorité qui l'ont qualifié de « proposition de loi de circonstance » ; ils ont aussi déclaré attendre l'avis de l'Observatoire de la laïcité avant d'agir.

L'Observatoire de la laïcité publie, le 25 juin, son premier rapport d'étape qui va dans le sens de la majorité gouvernementale. Son président, le socialiste Jean-Louis Bianco, déclare : « La tonalité générale nous permet de dire que la France n'a pas de problème avec sa laïcité[1]. » Et cependant, au moins trois des membres de l'Observatoire, Jean Glavany, Abdennour Bidar et Françoise Laborde, font partie des premiers signataires de la pétition « Crèche Baby-Loup : appel à toutes les consciences républicaines ! » : ils y clament l'urgence d'agir pour sauver la laïcité en danger, laquelle doit être « consolidée et réaffirmée, faute de quoi elle subira un recul dramatique ». Depuis, Jean Glavany a changé de méthode ; il dénonce à présent la « législation par à-coups :

1. « La France n'a pas de problème avec sa laïcité », entretien avec Stéphanie Le Bars, *Le Monde*, 25 juin 2013, p. 8.

un fait, une décision de justice, une émotion, une loi », et accuse le député UMP de vouloir jouer solo au lieu de débattre comme cela se fait au sein de l'Observatoire[1]. Alors pourquoi avoir signé la pétition trois jours à peine après l'arrêt de la Cour de cassation ? Pourquoi François Hollande s'est-il exprimé sur France 2 devant des millions de téléspectateurs à propos d'une « loi qui réglemente strictement le port de signes religieux » ? Même s'il a parlé de consensus et de volonté d'apaiser, les Français qui se sont exprimés à 83 % en faveur d'une nouvelle loi sur les signes religieux en entreprise ont sûrement pensé en l'écoutant qu'ils avaient été entendus.

Les responsables socialistes se sont-ils rendu compte après coup, et surtout après avoir enfin étudié le sujet une fois les réactions émotives passées, que les spécialistes de la question et les directeurs des ressources humaines ne jugent pas nécessaire et ne veulent pas d'une loi proscrivant le voile dans l'entreprise. Et pour cause : une des membres de l'Observatoire, Armelle Carminati, chargée du compte rendu sur la religion au travail et également présidente du comité Diversité du Medef, a dressé un bilan globalement positif de la situation présente. Elle écrit que les managers sont davantage confrontés au problème de la « diversité de l'expression religieuse qu'au fait religieux ». La question principale n'est donc pas de savoir si un musulman peut prier cinq fois par jour, s'il doit avoir accès à la nourriture halal à la cantine ou si les musulmanes peuvent porter le foulard, mais plutôt

1. Intervention à l'Assemblée nationale, le 6 juin 2013.

celle de pouvoir satisfaire toutes les religions sans trop compliquer le bon fonctionnement de l'entreprise. Se fondant sur une étude de Sciences-Po-Rennes, elle note qu'aujourd'hui « 6 % des situations [...] seraient conflictuelles » et affirme que « les managers ont plus besoin de pédagogie que d'une loi ». Pourtant, l'étude révèle aussi que « plus du quart (28 %) des managers RH interrogés ont déjà été confrontés à des questions liées au fait religieux dans leur entreprise... et que 41 % d'entre eux pensent que cette question va devenir problématique dans un futur proche[1]. » En dépit de cela, ils ne réclament pas de nouvelle loi.

« Leur souci majeur, explique Anne Madelin, est de ne pas attirer l'attention sur la question, de ne pas en faire un problème qui sera discuté et amplifié au sein de l'entreprise. Beaucoup seraient plus à l'aise s'il y avait une réglementation claire qu'ils appliqueraient, ce serait plus simple pour eux, mais ils ne pensent pas que ce soit la bonne solution parce qu'elle risque de passionner le débat et de créer des tensions[2]. » Ils préfèrent régler les problèmes par le dialogue, et surtout ils aiment mieux les régler discrètement.

Car des problèmes surgissent, bien sûr, mais beaucoup d'entreprises privées ont pris les devants et commencé à proposer des solutions à leurs managers. Des formations ont été organisées, certaines sociétés

1. Étude de l'Observatoire du fait religieux en entreprise de Sciences-Po-Rennes, en partenariat avec le groupe Randstad France, 27 mai 2013.

2. Directeur conseil à Sociovision, société qui mesure et conseille les entreprises sur les tendances socioculturelles. Conversation avec l'auteur, en juin 2013.

ont édité des documents spécifiques pour guider les dirigeants à gérer au mieux les questions de diversités et notamment religieuses. Généralement ces documents restent confidentiels mais le producteur d'électricité EDF, précurseur en la matière, a mis en ligne son livret publié en 2009 et intitulé : « Repères sur le fait religieux dans l'entreprise à l'usage des managers et des responsables RH ». Ce guide propose des solutions et anticipe les situations qui peuvent se présenter sur les lieux de travail en expliquant aux managers comment et pourquoi il faut réagir.

Fait intéressant par rapport à l'affaire de la crèche Baby-Loup, dans ce petit livret, il est clarifié qu'EDF assure une mission de service public, mais comme elle ne relève pas du droit de la fonction publique[1], le port de signes religieux n'y est pas prohibé. Baby-Loup se range dans la même case juridique, et la Cour de cassation, comme à son habitude, a jugé le cas sur un plan purement juridique en annulant le licenciement de Fatima Afif, l'employée voilée.

L'existence d'un tel guide aurait pu éviter que l'affaire Baby-Loup ne prenne de telles proportions. Selon le droit du travail, le port de signes religieux peut être limité seulement pour protéger des individus du prosélytisme ou bien s'il interfère dans la bonne marche de l'entreprise. Dans les deux cas de figure, l'interdiction doit être justifiée de manière objective. La Halde avait déjà exposé dans ses recommandations au gouvernement en janvier 2009 que le port d'un signe religieux tel que la kippa, le turban, le voile ou

1. EDF est une société anonyme cotée en Bourse.

la croix chrétienne, ne peut être considéré comme prosélyte. Il doit donc être toléré par une entreprise, sauf cas particulier au risque d'être accusée de discrimination. Pour éviter ce genre de procès et aider les cadres à prendre la bonne décision, le guide d'EDF donne des exemples précis, présentés sous forme de questions-réponses avec trois options possibles pour savoir quelle réponse donner à une demande relative à la pratique religieuse. Si le critère légal ne justifie pas une interdiction, on coche en vert ; s'il doit être interrogé et peut justifier une restriction dans le contexte, on coche en orange ; si le critère légal impose une restriction de la liberté de religion du salarié, une croix rouge est apposée.

Nous retenons deux exemples mentionnés dans le guide : demander à une salariée d'ôter son voile, parce qu'il nuit à l'image de l'entreprise, n'est pas légal. On peut engager une discussion pour essayer de la convaincre, mais on ne peut imposer aucune contrainte. En revanche, on peut exiger qu'un salarié coupe sa longue barbe s'il travaille avec de la nourriture, pour des raisons d'hygiène, comme on peut imposer à un autre d'enlever son turban et de mettre un casque pour des raisons de sécurité et de sûreté.

Philippe Hagmann, alors responsable du pôle Vie au travail d'EDF et un des auteurs de ce livret, explique que la question de la religion au travail a commencé à se poser dans les années 2005-2006 et 2007. Les revendications concernaient surtout la nourriture, la prière et le code vestimentaire. « La question du voile n'était pas du tout centrale. C'est un épiphénomène par rapport aux questions de restauration, de prière ou d'organisation des vacances selon les fêtes religieuses, explique-t-il, mais il cristallise les représentations et surtout les regards des autres femmes. » Un conflit a néanmoins marqué les esprits chez EDF.

À la fin de l'année 2008, une chercheuse iranienne de haut niveau qui travaillait depuis plusieurs années dans l'entreprise est arrivée au bureau avec un foulard sur les cheveux. Selon ses dires, elle se sentait tellement à l'aise en France qu'elle pensait pouvoir montrer qui elle était réellement, c'est-à-dire, et entre autres, musulmane et pratiquante. « Les réactions de ses collègues femmes, toutes d'un milieu culturel très élevé, ont été violentes, il y eut de nombreux accrochages verbaux. Le climat de travail s'est dégradé. Les collègues de la chercheuse ont perçu ce geste comme une agression, elle montrait ce que les autres ne voulaient pas être[1] ! » Les directeurs d'EDF ont mis longtemps à régler ce conflit. Il a fallu que la chercheuse iranienne porte un voile particulièrement discret, plus coloré, et qu'elle accepte de l'enlever quand elle devait représenter la société à l'extérieur. Légalement, la direction ne pouvait lui demander de l'ôter, son voile ne posant pas de problème de sécurité ni d'organisation du travail ; il n'affectait pas davantage l'objectif ou l'intérêt de l'entreprise. Le problème résidait principalement dans le rejet des collègues heurtées par la présence d'une femme qui, d'après leurs propres critères, consentait à se soumettre à la volonté d'un homme ou d'un entourage.

1. Conversation avec l'auteur, 11 juillet 2013.

Un préjugé sans fondement dans le cas précis de cette chercheuse très érudite, professionnelle et indépendante. Ce sont encore là deux conceptions du voile qui s'affrontent avec, en toile de fond, une peur que l'islam, s'il s'affiche au travail, ne mette en péril le vivre ensemble.

Les dirigeants d'EDF qui ont rédigé ce livret ont veillé à éviter la stigmatisation. Ils donnent aussi des exemples qui ne concernent pas seulement la religion musulmane, comme celui d'un salarié qui doit s'occuper d'organiser des événements le week-end mais qui refuse d'utiliser son téléphone ou son ordinateur les vendredis soir et samedis. Simplement, et Anne Madelin le dit tout net, la plupart des situations conflictuelles dans les entreprises sont liées à la pratique de l'islam et non pas des autres religions. Beaucoup de conflits ont été le résultat d'un recrutement massif de jeunes non diplômés issus des banlieues dans le cadre de plans d'aide à l'emploi au sein des zones urbaines sensibles – notamment en Seine-Saint-Denis. Certains climats se sont parfois tendus dans les entreprises qui ont regroupé ces nouveaux employés ou stagiaires dans un même service avec, pour les diriger, un « Blanc ». Les managers n'ont pas forcément disposé des outils nécessaires ni de la connaissance des pratiques religieuses leur permettant de réagir de façon adéquate. Du coup, certains employés en ont profité pour formuler des demandes collectives, et plutôt radicales, telles le refus de travailler sous les ordres d'une femme ou de transporter des produits alcoolisés : des situations qui, si elles étaient acceptées, produiraient des clivages et un dysfonctionnement évident dans la marche des entreprises. Ces cas sont rares mais « ils ont parfois créé, selon Anne Madelin, une fracture entre cadres et non-cadres et entre Français “de souche” et jeunes d'origine africaine ou maghrébine ». Il y a eu d'autres cas difficiles à gérer, comme celui de femmes qui se présentent à l'entretien d'embauche sans voile, achèvent leur période d'essai ainsi et, une fois le contrat à durée indéterminée acquis, se couvrent les cheveux. Il est vrai que ces manières de procéder n'installent pas un rapport de travail des plus confiants. Les dirigeants sont pris au dépourvu et les relations avec les collègues s'en trouvent inévitablement dégradées. Aujourd'hui, de plus en plus de séminaires sont organisés au sein des entreprises et des ouvrages écrits sur le sujet pour aider les responsables à gérer ces situations. Et tout cela a lieu de façon très discrète, les entreprises n'ayant pas envie ou ne jugeant pas nécessaire de porter ces questions sur le terrain médiatique.

Une chose est sûre, celle de la religion au travail ne peut être ignorée, notamment dans les entreprises internationales où les règles ne sont pas les mêmes qu'en France, seul pays au monde à avoir une vision restrictive de la laïcité. À notre époque, 10 % de la population est musulmane. « La mondialisation, la libre circulation des individus, des idées, des cultes, ainsi que l'installation durable d'environ deux cents millions de personnes par an qui voyagent librement dans le monde est une révolution », affirme Patrick Banon, auteur de *Dieu et l'Entreprise*[1]. « Maintenant, la diversité des cultures et des religions doit apprendre à vivre sur une terre désormais partagée. » Pour Patrick Banon, qui conseille de nombreuses entreprises en France, employeurs et employés ont tout intérêt à faire des compromis, le seul danger étant d'accepter des pratiques qui séparent et divisent les collaborateurs alors que « la clef pour la réussite de l'entreprise est la cohésion sociale[2] ». Il suggère, par exemple, de répondre aux demandes de salles de prière par l'ouverture de lieux de recueillement ou de détente où les collaborateurs de toutes les religions peuvent se recueillir et les non-pratiquants se reposer.

Spécialistes et chefs d'entreprises tablent sur une normalisation avec le temps et ne souhaitent pas de législation pour interdire la pratique de la religion au travail. Mais ils reconnaissent que si la question n'est pas réglée en France, c'est parce qu'elle n'a pas été traitée en profondeur. « C'est comme les problèmes de familles, précise Philippe Hagmann, quand ils ne sont pas traités, ils resurgissent. Il faut que la société française trouve des arrangements parce qu'on est aujourd'hui dans l'incompréhension et dans l'intolérance. » D'où la nécessité d'analyser précisément ce qui se passe dans la société française dans son ensemble et d'en parler sans tabou ni colère.

Face à ces questions, les organisations syndicales sont quant à elles le plus souvent mal à l'aise. Elles

1. Émission « Tombé du ciel : quand la religion s'invite au bureau », LCP, 17 mai 2010.
2. *Idem*.

tâtonnent, partagées entre les revendications d'adhérents musulmans et les valeurs républicaines. Cela peut donner lieu à des situations ubuesques. En février 2011, Force ouvrière a été vivement critiquée pour avoir distribué un calendrier musulman aux ouvriers des usines PSA d'Aulnay, Saint-Ouen et Poissy. Le syndicat a aussitôt dû reconnaître que cette initiative était malheureuse. La CGT, elle, a été épinglée par une affaire de viande halal commandée pour un des restaurants d'entreprise de l'aéroport Charles-de-Gaulle – géré par le comité d'entreprise CGT. Il a également été reproché à cette centrale de ne pas défendre assez bien ses employées qui accusaient des collègues musulmans de les harceler et de leur manquer de respect principalement parce qu'elles étaient des femmes. Seule la CFDT semble tirer son épingle du jeu. Ce syndicat n'a pas hésité à réagir sur les signes religieux dans les entreprises privées, en se déclarant opposé à leur interdiction autoritaire et en privilégiant les solutions négociées. Des solutions qui se trouvent déjà dans l'application pure et simple du Code du travail et des contrats signés entre employeur et employé. Mais on ne peut rester sourds aux réalités de la société française et ignorer, ou esquiver, les problèmes liés à la religion au travail alors que l'islam est devenu la deuxième religion de France et que les musulmans sont plus attachés à leurs pratiques que les chrétiens.

Concernant l'affaire Baby-Loup, crèche située dans un quartier où près de la moitié des femmes sont voilées, « le voile ici fait partie du décor, pas du problème[1] », écrit une journaliste de *Libération*. Avant de citer le directeur d'un centre social, Mounir Satouri, qui évoque une deuxième raison au licenciement de Fatima : « Un litige entre la directrice de la crèche et une salariée qui ne voulait pas reprendre après cinq ans de congé parental... l'une a cherché des soutiens chez les habitants du quartier et l'autre auprès d'Élisabeth Badinter[2]. » Un problème RH qui aurait mal tourné, en d'autres termes.

1. Alice Géraud, « Baby-Loup : un cas si particulier », libération.fr, 29 mars 2013.

2. *Idem*.

Islamophobie

« La phobie c'est la peur, c'est cela ? » demande Véronique Genest, actrice française très populaire et héroïne de la série *Julie Lescaut* sur la première chaîne. Elle est l'invitée de l'émission de Jean-Marc Morandini[1] parce qu'elle a eu l'idée saugrenue de se présenter aux législatives partielles de 2013, pour les Français à l'étranger dans la huitième circonscription (Chypre, Grèce, Israël, Italie, Malte, Saint-Marin, Saint-Siège, Turquie), alors qu'elle n'a aucune culture ni formation politique. Et cela s'entend ! Avant d'arriver sur le plateau, Véronique Genest poste un tweet dans lequel elle affirme que « l'islam est dangereux pour notre démocratie ». Le journaliste lui demande de justifier ses propos ; elle ose une déclaration qui fera le tour de la toile : puisque « phobie veut dire peur, dit-elle, eh bien peut-être je suis islamophobe, ce soir j'ai fait mon *coming out*. Oui, probablement que je suis comme beaucoup de Français : islamophobe. » Beaucoup de Français auraient peur,

1. Jean-Marc Morandini, « Vous êtes en direct », NRJ12, 17 septembre 2012.

donc, et n'hésiteraient plus à le clamer haut et fort. La comédienne n'est pas la première personne à tenir de tels propos. Un journaliste, doté lui d'une réelle culture politique, Claude Imbert, fondateur du magazine *Le Point,* a reconnu sur LCI : « Je suis un peu islamophobe, ça ne me gêne pas de le dire. J'ai le droit de penser que l'islam – je dis bien l'islam, je ne parle même pas des islamistes – apporte une certaine débilité qui en effet me rend islamophobe[1]. » L'islam serait donc « débile », selon cet homme estimé comme quelqu'un d'intelligent, et le milliard et demi de musulmans dans le monde aussi. Lui non plus n'est pas le premier à prétendre une telle chose puisque Michel Houellebecq, écrivain français lu également à l'étranger, dans une interview où on lui demandait sans détour s'il haïssait les musulmans, avait répondu oui. « La religion la plus con, c'est quand même l'islam, affirme-t-il. [...] Quand on lit le Coran, on est effondré, effondré[2]. » Ces déclarations ne l'ont pas empêché de recevoir neuf ans plus tard le prix Goncourt – neuf ans plus tard cependant.

Si nous prêtons attention à celles et ceux qui s'en revendiquent, l'islamophobie serait une peur et/ou un mépris pour la religion musulmane. Une peur ressentie par le commun des mortels, par « beaucoup de Français » dont Véronique Genest, ou un mépris de

1. LCI 2003, repris par Xavier Monnier, « Aux origines de l'islamophobie médiatique », bakchich.com, 1er octobre 2012.

2. Entretien avec Didier Sénécal, *L'Express culture* avec *Lire,* 1er septembre 2001. Il est noté que la mère de Michel Houellebecq s'est convertie à l'islam, mais lui assure que cela n'a rien à voir avec sa haine pour cette religion.

la part d'« êtres supérieurement cultivés ou éclairés » de la trempe de Claude Imbert et Michel Houellebecq. Il y a aussi ceux dont le mépris se transforme en haine viscérale, à l'instar d'Oriana Fallaci, célèbre journaliste italienne aujourd'hui décédée, qui écrit dans *La Rage et l'Orgueil* (2002), écoulé à plus d'un million d'exemplaires : « Les fils d'Allah se multiplient comme des rats », et fustige les responsables politiques européens parce qu'ils ne les combattent pas assez et laissent les immigrés « envahir » ce qui pour elle est devenu l'« Eurabia », et non plus l'Europe moderne.

Peur, haine, mépris ? Que recouvre exactement le mot « islamophobie » ? En 2010, il ne figurait pas dans le Larousse. Trois années plus tard, il est défini succinctement : « L'hostilité envers l'islam. Les musulmans. » Selon l'intellectuel et intégriste Tariq Ramadan, c'est essentiellement une expression du racisme, qui se traduit par une attitude et des actes discriminatoires envers les musulmans à cause de leur seule appartenance religieuse[1].

Caroline Fourest et Fiammetta Venner, journalistes laïques engagées, estiment que le mot « islamophobie » est une invention des islamistes pour « piéger le débat et détourner l'antiracisme au profit de leur lutte contre le blasphème[2] », autrement dit pour pouvoir attaquer ceux qui défendent la laïcité en les faisant

1. Interview Mehdi Chahidi à l'occasion de la conférence « Islam et valeurs entre spécificité et universalité », École de gouvernance et d'économie de Rabat, 25 mars 2011.

2. Caroline Fourest et Fiammetta Venner, « Islamophobie ? », *Pro-Choix*, numéro 26-27, automne-hiver 2003.

passer pour des racistes. Or, le mot a été utilisé, semble-t-il, pour la première fois en 1925 par l'artiste français Étienne Dinet, converti à l'islam, et Slimane Ben Ibrahim dans *L'Orient vu par l'Occident*[1].

Il est apparu plus fréquemment par la suite, en Grande-Bretagne, dans les années 1980 et 1990, et a été « officialisé » en 1997 avec la publication du rapport de la Runnymede Trust, un think tank installé à Londres qui lutte contre le racisme et se bat pour un mieux vivre ensemble dans les sociétés multiculturelles.

Au Royaume-Uni, où l'islamophobie a été étudiée, discutée, on pourrait même dire « bordée », le mot *islamophobia* est défini dans le Oxford Dictionary comme « une haine ou peur de l'islam, ou des musulmans, surtout en tant que force politique ».

Le mot est lâché. Tandis que, en France, le débat sur le sens exact du terme se poursuit pour savoir s'il faut ou non l'employer, sa dimension politique est rarement soulignée. C'est pourtant cette forme-là qui distingue l'islamophobie du racisme. C'est peut-être aussi pour cette raison, et parfois même sans le savoir, que certains intellectuels et hommes politiques se permettent de tenir des propos jugés « douteux » contre la communauté musulmane, persuadés d'exprimer une critique politique et non pas raciste. Sciemment ou non, ils semblent soupçonner tout musulman pratiquant (visible) de militer pour l'instauration de

1. Tom Head, « Definition of islamophobia », about.com, guide « Civil Liberties ». http://civilliberty.about.com/od/religiousliberty/g/Islamophobia-Definition.htm

la *chari'a* en France ou, en tout cas, pour la remise en cause des valeurs et des lois laïques dans le pays. Comme si tous ceux qui affichent leur appartenance religieuse étaient liés aux Frères musulmans, organisation politique. Il y en a, bien sûr, mais les classer tous comme des islamistes équivaut à considérer tout catholique qui se rend à la messe le dimanche comme un sympathisant du Front national. Or, cette tendance à assimiler les musulmans pratiquants à un courant politique existe certes bien, légitimée en partie par le fait que certaines organisations, tels les Frères musulmans, ont été démasquées, notamment après les révolutions arabes : elles se présentaient comme rassemblant de simples croyants tout en prônant un double discours politique[1].

Dans une démocratie multiculturelle, même si des réalités comme celles-ci sont compliquées à appréhender et à gérer, il faut savoir rester précis dans ses propos ; il est important que les médias, hommes politiques et intellectuels se montrent prudents et responsables. Si c'est l'islam politique que l'on vise, il s'agit alors de le nommer, de le démasquer et de l'empêcher de nuire. Cependant, on voit bien que ce n'est pas cet islam-là qui est attaqué dans les manifestations islamophobes. Prenons l'exemple de la couverture du magazine *Le Point* publié en octobre 2012 et reproduisant la photo d'une femme en burqa, main gantée levée, face à une agente de police. Le titre : « Cet islam sans gêne, hôpitaux, cantines, jupes, piscine, programmes scolaires ». « Islam » tout court, et non pas politique, salafiste ou

1. Voir pages 181-188 [chapitre La Oumma].

des Frères musulmans. Dénoncée par une grande partie de la presse, cette une a tout de même été réhabilitée par le ministre de l'Intérieur lui-même. Interrogé le 30 octobre par Michel Denisot dans le « Grand Journal » sur Canal Plus, Manuel Valls explique en une longue et seule phrase où tout est mélangé – religion, politique, sécurité, terrorisme – qu'« il y a dans l'islam, qui est la deuxième religion en France et qui a toute sa place dans notre pays, une volonté sans doute minoritaire d'imposer un certain nombre de ces thèmes. Il y a même un islamisme radical lié au salafisme, il y a une véritable entreprise sectaire sur un certain nombre de quartiers et de nos jeunes, et donc il faut lutter contre ces phénomènes et la meilleure réponse, c'est la nation, c'est quoi être français aujourd'hui, c'est la République et c'est mon rôle également de lutter contre tous ces mouvements qui peuvent conduire au pire, et on l'a vu évidemment avec Mohamed Merah qui a tué avec un passeport et une carte d'identité française… » Du coup, estime-t-il que la couverture du *Point* est choquante ? « Non, elle exprime une réalité, mais ce qui me choque, et ça me choquera toujours, c'est une femme totalement voilée. Parce que dans cet islam-là, cet islam radical, il y a la négation du visage de l'autre et en particulier de la femme. »

Les réactions face à la couverture du *Point* ont été nombreuses. Rue89 a rappelé que l'année précédente, l'hebdomadaire « faisait son miel des peurs islamophobes avec sa couverture "le spectre islamiste" après les révolutions arabes. Cette année, il accroît sa furieuse campagne, passant de "l'islamisme" à "cet islam". Sans aucune gêne[1]. » Le *Midi libre* retranscrit les définitions du terme « sans gêne » dans le dictionnaire en ligne Reverso : « Envahissant, embêtant, fatigant, inopportun, agaçant, excédant, accaparant, gênant, importun, impoli, malappris, insolent, malhonnête, goujat, impertinent[2]. » Le Huffington Post, quant à lui, reproduit les réactions sur les réseaux sociaux, notamment celle sur le compte Twitter @humourdedroite qui a détourné la couverture du *Point* en créant de fausses unes avec : une photo de Bernard-Henri Lévy assortie du titre « Ce judaïsme sans gêne » ; Audrey Pulvar et « Ces nègres sans gêne » ; Christine Boutin et « Ce catholicisme sans gêne »[3].

Outre-manche, le quotidien britannique *The Independent* s'étonne : « Et voilà. La deuxième religion de France se fait insulter sur la couverture d'un des hebdomadaires les plus populaires du pays – ce qui n'est pas envisageable pour une autre religion ou communauté –... et le ministre de l'Intérieur, censé être en charge de la sécurité de tous les citoyens français, déclare dans une émission de grande écoute que ce n'est pas un problème, et personne ne le contredit[4]. » Le journal accuse ensuite les médias de droite d'avoir « détourné » la fière tradition laïque en France pour la transformer en attaque contre l'islam.

1. Pascal Riché, Rue89, 30 octobre 2012.
2. Midilibre.fr, 31 octobre 2012.
3. Huffington Post, 30 octobre 2012.
4. Marie Dhumières, « When did Islamophobic Attacks Become the Norm for the French Media ? », *The Independent*, 7 novembre 2012.

Sauf que Manuel Valls est un ministre socialiste ; et il semble dire que Mohamed Merah est une conséquence de l'islam intégriste, sans nuance aucune et sans prendre en compte, comme l'ont toujours fait par le passé les socialistes, le parcours personnel du terroriste, les conditions sociales dans lesquelles il a grandi et l'échec des politiques d'intégration dont il est aussi le résultat ; or c'est bien cet ensemble qui a fait le lit de l'intégrisme radical et violent.

En outre, ce genre de propos joue le jeu des extrémistes, qui ont tout intérêt à attiser les clivages. Si les médias et les responsables politiques en France voulaient bien distinguer, et systématiquement, musulmans et intégristes, criminalité de droit commun et islamisme (même si, récemment, la frontière est devenue ténue entre les deux), les musulmans n'auraient pas senti le besoin de fonder un Collectif contre l'islamophobie en France. Les associations qui luttent contre le racisme et l'antisémitisme auraient suffi. Or, le CCIF accumule jour après jour les plaintes de musulmans, en partie parce que ces derniers estiment que l'État ne condamne ni ne réprime assez le racisme antimusulman et/ou ne veut pas le reconnaître comme tel. Le CCIF répertorie ainsi les agressions contre des femmes voilées, les coups de feu tirés contre des jeunes au moment de rompre le jeûne le mois de ramadan, les attentats visant des mosquées, les refus d'embauche ou de location d'un logement, les propos racistes dans la vie quotidienne au travail ou dans les administrations publiques. Il alerte aussi la presse sur les agressions, événements que les médias français couvrent de plus en plus, comme l'attaque contre deux femmes voilées à Argenteuil en 2013. La première, une adolescente, se serait fait tabasser par des « skinheads », le 20 mai ; la seconde, enceinte, a été frappée par deux hommes qu'elle décrit comme de style « gothique », le 13 juin. Des centaines[1] de musulmans manifestent quelques jours plus tard devant la sous-préfecture de la ville. Le parquet de Pontoise ouvre une information judiciaire pour « violences volontaires aggravées » et le collectif des habitants d'Argenteuil et de Bezons dénonce l'attitude des politiques et tout particulièrement de « Manuel Valls, le ministre de l'Intérieur, et Najat Vallaud-Belkacem, ministre des Droits des femmes, qui ont brillé par leur silence[2] ».

Les agressions sont en nette progression ; il faut admettre également que l'attitude de certains musulmans peut participer à aggraver les tensions. Deux jours avant l'agression de la jeune femme enceinte, des affrontements ont éclaté entre jeunes du quartier et policiers après qu'ils ont interpellé une femme en niqab. Selon des témoins, « le contrôle se passait bien jusqu'au moment où un passant est intervenu pour s'y opposer. Certains habitants ont accusé la police d'avoir manqué de respect à la femme, la situation dégénère vite et près de quatre-vingts jeunes commencent à lancer des projectiles sur les agents

1. Quatre cents selon la police, un millier selon les organisateurs.
2. Shahzad Abdul, « Après des agressions de femmes voilées, des Argenteuillais dénoncent l'islamophobie », lemonde.fr, 22 juin 2013. Manuel Valls a adressé une lettre aux deux femmes agressées pour leur apporter son soutien ; l'une d'elles a été reçue au ministère de l'Intérieur le 20 juin 2013.

qui tirent des bombes lacrymogènes[1]. » L'agression des femmes voilées est-elle indirectement liée à ces violences ? Difficile de savoir, mais le sentiment de beaucoup d'habitants est que l'autorité de la police n'est pas respectée dans les villes et quartiers à forte présence immigrée ; il y a aussi la colère des musulmans stigmatisés et contrôlés plus fréquemment par la police. Cette situation qui dure depuis des années s'est transformée en un cercle vicieux : le racisme et les conditions de vie difficiles entraînent la violence qui alimente encore plus le racisme antimusulman et provoque encore plus de violence.

Dans son rapport paru en 2013 sur l'année précédente, le CCIF comptabilise quatre cent soixante actes jugés islamophobes, la plupart contre des femmes, une augmentation de 57,4 % par rapport à l'an passé. De son côté, la Commission nationale consultative des droits de l'homme, une institution indépendante qui alerte et conseille le gouvernement, estime pour la même année que le « racisme antimusulman a augmenté de 30 % et l'antisémitisme de 58 % ». La CNCDH constate que le racisme et l'intolérance s'installent et se développent inexorablement, en partie à cause des propos incontrôlables sur Internet, lieu où « on assiste à une dangereuse banalisation des propos racistes » mais également, insiste la Commission, à cause de « l'instrumentalisation dans le discours politique de certaines thématiques (immigration, religion-laïcité), ainsi que de certains dérapages et des polémiques qui ont suivi ». L'islamophobie ou le

1. Maïram Guissé, leparisien.fr, 13 juin 2013.

racisme antimusulman fait donc partie d'une xénophobie plus générale en France, et qui se manifeste de manière de plus en plus « décomplexée ».

Il apparaît qu'à cause des attentats terroristes perpétrés au nom de l'islam, et après l'affaire Mohamed Merah en 2012, il est devenu plus aisé pour les responsables politiques de se laisser aller à des discours populistes en s'attaquant aux musulmans et à leurs pratiques religieuses. Cette intolérance véhiculée, ou tacitement acceptée, par les élites intellectuelles et certains journalistes en vue conforte le plus traditionnel et le moins avouable racisme anti-arabe. Et quand il se cache derrière la défense de la laïcité, le danger est grand pour la République, et pour une de ses valeurs les plus chères : la cohésion nationale.

Les politiques et le voile

En France, la vision d'une femme voilée en dérange plus d'un. Pourtant, ce n'est ni une incivilité, ni un crime, ni un geste offensant ou agressif en soi. Le hijab peut être éventuellement – au pire – une provocation, sinon un code vestimentaire qui signale une pratique religieuse minoritaire ou, plus simplement, un geste de foi.

Cette représentation gêne parce qu'elle est associée, on l'a dit, à une conviction répandue dans une grande partie de l'opinion : le voile serait un symbole de soumission de la femme à l'homme. Elle est également liée à une phobie, à présent bien ancrée dans les esprits, de voir la religion, l'islam en particulier, fragiliser les valeurs laïques et démocratiques du pays. Sans oublier celles et ceux qui ne peuvent s'empêcher de rapprocher le voile d'un certain intégrisme islamique, potentiellement expansionniste. D'où la question de savoir si les femmes voilées ont le droit d'exister en démocratie, non pas seulement de marcher dans la rue ou de travailler dans des endroits où elles sont peu visibles, mais bel et bien de participer comme n'importe quel autre citoyen à la vie démocratique et se présenter, par exemple, aux élections du pays.

Théoriquement elles le peuvent ; aucune loi ne l'interdit formellement. Dans les faits, ce n'est pas aussi simple, c'est même impossible. Le jour où l'on s'est aperçu qu'une musulmane voilée figurait sur une liste électorale (était-ce la première fois ? toujours est-il que ce cas-là a été extrêmement médiatisé à cause de la vive polémique qui s'en est suivie), elle a dû se retirer après une levée de boucliers dans les médias nationaux.

L'histoire se déroule en 2010. En cette année d'élections régionales, le nom d'Ilham Moussaïd figure sur la liste du Nouveau Parti anticapitaliste d'Olivier Besancenot pour la région Provence-Alpes-Côte d'Azur. Cette jeune femme d'origine marocaine a une vingtaine d'années ; elle a commencé à militer dans une association de quartier avant de rejoindre le NPA, une année avant les élections. Ses camarades l'inscrivent sur la liste départementale du Vaucluse, en quatrième position et avec quasiment aucune chance d'être élue. Sa candidature aurait pu passer inaperçue si le journal *Le Figaro* n'avait pas publié un article sur « la candidate voilée » du NPA[1]. En effet, Ilham porte un foulard.

Aussitôt les médias s'emballent ; féministes, responsables politiques et associations laïques s'insurgent.

1. Sophie Ravinel, « Le NPA présente une candidate voilée », lefigaro.fr, 2 février 2010, http://www.lefigaro.fr/politique/2010/02/02/01002-20100202ARTFIG00688-le-npa-presente-une-candidate-voilee-.php.

L'idée qu'un représentant du peuple français puisse afficher sa religion ou qu'une femme voilée prétende se présenter à une élection, même régionale, et qui plus est siéger un jour à l'Assemblée nationale, agite les esprits. Il faut se rappeler le contexte de l'époque : le débat très controversé sur l'identité nationale lancé à grands bruits par Éric Besson, alors ministre de l'Immigration, de l'Intégration et de l'Identité nationale, vient tout juste de se clore. Ce débat, qui a profondément divisé la société et les personnalités politiques, laissant libre cours à des propos jugés islamophobes et xénophobes, n'a finalement abouti à rien de concret. Si ce n'est qu'il a fait sauter au sein d'une classe politique et d'une population pas ouvertement nationaliste bien des verrous contre le racisme.

L'affaire d'Ilham Moussaïd tombe donc au plus mauvais moment. Et elle a beau expliquer à tous ceux qui l'interrogent, sans jamais esquiver, que la religion est pour elle une démarche personnelle, privée, qu'elle se considère « laïque, féministe et voilée », elle ne parvient pas à convaincre. Pourtant, il n'y a pas la moindre provocation dans son discours et son foulard blanc noué en chignon à l'arrière de sa tête ressemble plus à un bonnet qu'à un voile ou à un hijab. Mais le simple fait qu'elle ne dissimule pas son appartenance religieuse suffit pour déchaîner les passions. Le NPA est rapidement divisé sur la question de savoir si oui ou non une femme voilée peut figurer sur une liste électorale, si oui ou non une femme voilée peut militer dans un parti traditionnellement laïc et à l'engagement féministe fort ;

il devient également la cible de tous les autres partis politiques. Certains l'accusent même d'avoir monté un coup électoral pour récupérer les voix des populations d'origine immigrée aux dépens des valeurs laïques et de la cohésion nationale.

Son porte-parole, Olivier Besancenot, explique qu'Ilham est une parmi deux mille candidats du parti, mais qu'elle représente aussi « l'image de notre intégration dans les quartiers ». Il maintient la candidature de la très jeune femme, même si plus de la moitié de son parti s'y oppose. De son côté, le conseil exécutif du NPA publie un communiqué qui désapprouve à demi-mot le port du voile par une candidate, sans critiquer ouvertement la décision de l'avoir inscrite sur une liste :

> Ilham porte un foulard (et pas une burqa comme on a pu l'entendre ou le lire). Elle n'y voit pas de contradiction avec les principes fondateurs dont la dimension féministe et laïque constitue une des clefs de voûte et affirme son attachement à ces valeurs ainsi qu'à l'ensemble des principes fondateurs du NPA.
>
> Le foulard est non seulement un symbole religieux visible, mais il est également un instrument de soumission des femmes utilisé sous diverses formes et à diverses époques par les trois monothéismes, même si Ilham ne le vit pas comme tel, et elle n'est pas la seule dans la société[1].

Avec une gêne évidente, les membres du comité exécutif expliquent qu'Ilham est seule responsable

1. Déclaration du comité exécutif national du NPA, 10 février 2010.

de ses choix qui, bien que difficilement défendables, font partie de sa culture d'origine ; une culture qui est celle de nombreux Français immigrés et que l'on ne peut ignorer.

Neuf mois plus tard, Ilham et onze de ses camarades quittent finalement le NPA pour former un nouveau mouvement, AJC-REVé, « un parti contre la misère et le mépris ».

Elle se présente aux élections cantonales, à Avignon-Sud. Cette fois, les médias ne s'intéressent pas à sa candidature, les politiques et les intellectuels non plus. Comme si elle ne faisait plus partie des enjeux politiques qui comptent, comme si elle était devenue la candidate des seuls immigrés, et que par conséquent cela ne les concernait plus.

L'histoire d'Ilham montre la difficulté pour les personnalités politiques à satisfaire l'opinion majoritaire sans donner l'impression d'être raciste ou islamophobe. « On ne va pas crier avec les loups », disait Olivier Besancenot dans ses meetings à propos d'Ilham ; en même temps, les marxistes et les trotskistes qui le soutiennent sont farouchement opposés au mélange entre religion et politique – tout particulièrement les féministes. Sauf que, pour un parti qui défend les classes les plus défavorisées de la société, où les musulmans sont nombreux, il n'est pas cohérent ni politiquement intelligent d'ignorer la volonté de certaines femmes de se voiler. C'est ce que soutient l'autre moitié du parti, arguant aussi qu'il ne peut y avoir de « militant(e) de seconde classe » : ceux qui peuvent se présenter à des élections et ceux qui n'y sont pas autorisés pour une raison quelconque.

Pourtant, à cause des oppositions et des divisions au sein du parti, et malgré les soutiens aussi, Ilham et ses proches ont décidé de quitter le NPA et de former ce que – justement – les Français laïcs veulent éviter : un rassemblement aux parfums communautaires, une sorte de parti de quartier où vit une majorité de musulmans. Des musulmans qui restent offensés par les réactions violentes à l'encontre de la candidate voilée parce que croyante. À tort ou à raison, ils ont l'impression que la société française exige des musulmans pratiquants qu'ils renoncent à certaines de leurs convictions s'ils veulent être représentés politiquement. Eux n'ont pas le droit d'avoir leur « Christine Boutin », présidente du Parti chrétien-démocrate, non pas à cause des idées d'Ilham Moussaïd mais parce que ses cheveux sont enveloppés dans un foulard blanc. Et l'on revient à cette obsession du voile qui occulte tout le reste. Cette « barrière » que les responsables politiques, mais aussi les classes intellectuelles et médiatiques, ont du mal à franchir et qui provoque des situations difficilement justifiables.

Cette gêne par rapport au foulard est particulièrement sensible au sein du Parti socialiste français. Pendant longtemps et ce, jusqu'aux années 1990 et les premières affaires du foulard à l'école, les clivages droite/gauche sur le port du voile ont été clairs et tranchés. RPR, puis UMP et, bien sûr, Front national ont le plus souvent défendu une position intransigeante : pas de voile, et si possible pas de mosquées. Une position inspirée par leur traditionnel attachement à la défense de la religion catholique majoritaire. Au contraire, la gauche – notamment le Parti socialiste – a longtemps préconisé le dialogue et des solutions négociées avec les femmes voilées, sans les exclure. À l'école notamment, mais aussi face à des demandes d'aménagements comme les créneaux pour les femmes dans une piscine à Lille (créneaux qui étaient, en 2000, à l'époque de Pierre Mauroy, réservés aux habitantes obèses, rejointes en 2003 par des musulmanes voilées), aussitôt instrumentalisés par la droite qui a accusé Martine Aubry, élue maire de la ville, de communautarisme[1]. Sans surprise, ces détracteurs des socialistes les ont accusés de laxisme, dû à leur mauvaise conscience vis-à-vis de leurs positions pendant la guerre d'Algérie – François Mitterrand, ministre de l'Intérieur puis de la Justice durant les années les plus violentes du conflit, à l'instar du Premier ministre Guy Mollet, était un partisan de l'Algérie française. À l'époque, ce gouvernement a cautionné la répression et les nombreuses exécutions de membres du FLN ; du côté des Algériens, il a été assimilé aux colonialistes qui ne respectaient pas les aspirations des indigènes à la liberté et à l'autodétermination. Par la suite, les socialistes ont tenté de se défaire de cette mauvaise image et

1. Michel Veron, « À Lille, Martine Aubry a-t-elle vraiment réservé des créneaux de piscine à des musulmanes ? », lexpress.fr, 30 mars 2012.

d'établir une relation ouverte et tolérante avec les différences culturelles, et particulièrement avec les Maghrébins vivant en France. D'où l'opposition de Lionel Jospin, alors ministre de l'Éducation nationale, à légiférer quand l'affaire du voile a éclaté à Creil. Toutefois, il a dû faire face à la pression politico-médiatique. C'est pourquoi il a sollicité le Conseil d'État, se doutant aussi que ce dernier donnerait un avis correspondant à ses positions et à celles de son parti. Il ne s'est pas trompé. Le Conseil d'État a en effet estimé que « le port par des élèves de signes par lesquels ils entendent manifester leur appartenance à une religion n'est pas par lui-même incompatible avec le principe de laïcité[1] ».

Lionel Jospin a toujours défendu une position plutôt ouverte de la laïcité à l'école. Lors de l'affaire de Creil, invité sur le plateau d'Antenne 2, il a minimisé la gravité du geste de la jeune élève voilée à l'école : « Ce sont des situations qui existent et qui sont réglées d'habitude sans tapage. » Il a aussi reformulé, sans hésitation aucune, son opposition aux signes religieux dans les établissements scolaires et sa conviction que l'école doit accueillir tout le monde. « La laïcité, c'est à la fois la tolérance et la diversité, mais c'est aussi la neutralité... il ne faut pas afficher à l'école des signes de différences religieuses, mais je mets au-dessus de cela un autre principe qui est que l'école en France doit accueillir tous les enfants. Le fait qu'un enfant arrive avec un foulard ne doit pas être un motif pour

1. Conseil d'État, 27 novembre 1989, http://www.conseil-etat.fr/media/document//avis/346893.pdf

l'exclure. Cela me paraît un principe fondamental[1]. » Selon lui, on doit commencer par intégrer l'élève puis tenter par le dialogue de la convaincre de ne pas afficher sa religion et d'adhérer aux principes de la neutralité. Pourtant, au fil des affaires et des polémiques, et par conséquent au fil des sondages d'opinion de plus en plus hostiles au voile, la position du Parti socialiste a évolué. Les principes énoncés par Lionel Jospin sont devenus minoritaires et les positions du PS plus hésitantes, moins franches. Ce qui donne encore aujourd'hui un sentiment d'indécision et d'incohérence au sein du PS.

Les socialistes ont finalement dû se résigner à légiférer. Lors du débat sur la loi interdisant tout signe religieux ostensible à l'école publique, en 2004, Jean-Marc Ayrault, alors chef de file des députés socialistes à l'Assemblée nationale, a déclaré : « Il faut sans cesse remettre les points sur les i et aujourd'hui, je crois que le moment est venu. S'il faut légiférer pour garantir concrètement partout les principes républicains, il faudra le faire[2]. » François Hollande partage le même avis, mais dit préférer le dialogue à la législation, sans toutefois s'opposer à cette loi.

Depuis, la position des socialistes sur le voile n'a cessé de se faire plus intransigeante, tout en connaissant des divergences d'opinion au sein même du parti – ou parmi ses sympathisants.

1. Entretien avec Hervé Claude, Antenne 2, « Journal de 20 heures », 19 octobre 1989.

2. « Le PS soutiendrait aujourd'hui une loi sur le voile », libération.fr, 15 novembre 2004.

À l'époque où la loi contre le niqab a été présentée par la droite, le 19 mai 2010, Pierre Moscovici, alors député socialiste du Doubs et dans l'opposition, a notamment déclaré : « Ce n'est pas seulement une erreur, c'est une faute. On ne va pas la voter[1]. » Benoît Hamon, porte-parole du PS, a rappelé la position officielle du parti « contre une loi d'interdiction générale du voile intégral, parce qu'elle est inapplicable[2] ».

La majorité des députés socialistes s'est de fait abstenue ; quelques-uns cependant, dont François Hollande, l'ont votée, alors même qu'il était évident qu'elle pouvait difficilement être appliquée.

La preuve : entre 2011 et 2013, les policiers ont contrôlé 432 femmes et effectué 661 verbalisations[3]. Ce qui montre bien que des femmes sont verbalisées plusieurs fois et continuent malgré tout à sortir vêtues de leur niqab. En outre, ces interpellations ont souvent provoqué des heurts avec les proches des femmes voilées, venus les défendre contre les forces de l'ordre. Un peu plus d'un mois après les affrontements à Argenteuil[4], une autre affaire similaire explose à Trappes. Le 18 juillet 2013, en plein mois de ramadan, des policiers contrôlent une femme intégralement voilée qui affirme avoir obtempéré.

1. Entretien avec Michael Szames, « Politiques », France 24, 24 juin 2010.

2. François Wenz-Dumas, « Le bateau socialiste change de voile », blog de la section PS Anzin, 2 avril 2010.

3. Source : Observatoire de la laïcité, cité in *Le Parisien*, 23 juillet 2013.

4. Voir page 141 [chapitre Islamophobie].

Simplement, son mari se serait opposé au contrôle et, selon les dires de la police, aurait asséné un coup de poing à l'un d'eux. Les époux, convertis à l'islam, affirment au contraire que ce sont les policiers qui les ont provoqués. Le mari est arrêté et placé en garde à vue puis libéré. Près de deux cents jeunes gens se rassemblent devant le commissariat et lancent des pierres sur la façade. Des échauffourées éclatent la nuit du 19 juillet et avec elle une polémique qui va durer plusieurs jours, alimentée par la droite qui accuse la gauche de laxisme ou de communautarisme et qui appelle à encore plus de sévérité ; sous-entendu : plus de lois, que les policiers avouent cependant ne plus pouvoir appliquer correctement. Aujourd'hui, dans certaines banlieues ou certains quartiers, les forces de l'ordre évitent globalement de contrôler les femmes en niqab, confortées par leurs supérieurs hiérarchiques.

Il semblerait que la situation ne cesse de s'aggraver. « À l'intérieur de certains quartiers, on arrive à la constitution d'une contre-société avec ses propres règles, son langage, ses hiérarchies, avec une domination adolescente très marquée... La violence est un passage obligé pour une partie de la population, elle n'est pas au centre du système [comme la mafia] mais à la marge », affirme le journaliste du *Monde* Luc Bronner, qui a travaillé pendant plus de huit ans sur les banlieues sensibles ou défavorisées. Il continue : « On laisse exister des quartiers dans des situations révoltantes par rapport aux promesses de la République. Le problème est qu'une partie vient du pouvoir politique qui aimerait qu'on dise que tout va bien dans ces quartiers, notamment du point de vue sécuritaire.[1] »

Cela donne le sentiment qu'une fois les lois votées, pour prouver que l'on défend la cohésion nationale et les valeurs républicaines, les responsables politiques de tous bords abandonnent le terrain.

Sur l'affaire de la crèche Baby-Loup, qui a éclaté en 2008 et conduit en 2013 à réfléchir à la possibilité d'interdire le voile dans l'espace privé, les socialistes ne se sont pas opposés dès le départ à l'éventualité d'une nouvelle loi. Encore une fois, au sein du PS, majoritaire à l'Assemblée nationale à ce moment-là, nul consensus sur la politique à adopter face au foulard dans les crèches privées. Pendant que Manuel Valls, ministre de l'Intérieur, ne cache pas son franc soutien à une interdiction du voile « là où il y a des enfants[2] », le ministre de la Ville François Lamy, un proche de Martine Aubry, met en garde contre ce durcissement qui ne correspond pas aux positions traditionnelles du PS. « Depuis quelques années, affirme-t-il, nous ne construisons plus la laïcité que sur des lois d'interdits, avec des conséquences qui vont parfois à l'encontre des objectifs recherchés, en créant des clivages, des replis. » Il craint que cela « ne pousse à la création d'écoles et de crèches confessionnelles » et porte préjudice

1. Luc Bronner, *Les Inrockuptibles*, 3 mars 2010.

2. « Valls veut interdire le voile là où il y a des enfants », lexpress.fr, 8 novembre 2010.

au travail effectué par les acteurs sur le terrain. Les socialistes se sont finalement abstenus et la loi interdisant le port de signes religieux dans les entreprises privées n'a pas été votée.

Face à une gauche mal à l'aise et indécise, la droite affiche une constance dans son idée de gommer le plus possible les signes du multiculturalisme français, notamment en interdisant le voile dans la plupart des situations. Elle progresse inexorablement dans son programme. Seules quelques variations existent selon que l'on appartient aux familles gaulliste, centriste, UMP, à la Droite forte ou au Front national. De temps à autre, certaines lignes jaunes sont franchies, dans les discours, entre autres ; ce qu'on appelle commodément des « dérapages » ou des « phrases sorties de leur contexte ». À l'image de cette déclaration de Claude Guéant, le 4 février 2012 : « Toutes les civilisations ne se valent pas », ou de celle de Jean-François Copé qui rapporte dans un discours à Draguignan, le 5 octobre de la même année, qu'un jeune se serait fait « arracher son pain au chocolat par des voyous sous prétexte qu'on ne mange pas pendant le ramadan ». Contrairement à Michel Houellebecq ou à Claude Imbert, tous réfutent les accusations de racisme ou d'islamophobie et affirment dire tout haut ce que de nombreux Français pensent tout bas, faisant fi de l'obligation pour un homme politique de combattre les généralisations racistes et non pas de les propager d'une manière ou d'une autre.

En 2011, année de campagne avant l'élection présidentielle, la droite a connu une multiplication d'initiatives dites « républicaines ». À commencer par un débat sur l'identité nationale voulu par Jean-François Copé, mais auquel il a dû renoncer face à l'opposition d'une grande partie des membres de l'UMP, et le remplacer par un autre sur l'islam, rebaptisé pour des raisons évidentes « Débat sur la laïcité ». Il a lieu le 5 avril dans un hôtel parisien devant près de deux cents journalistes venus du monde entier. Vingt-six propositions y sont présentées, dont un code de la laïcité et une formation pour les responsables des ressources humaines et des inspecteurs du travail ; on en retient surtout le rejet quasi unanime de toute modification à la loi de 1905. Si les propositions formulées à l'issue du débat n'ont pas été adoptées, il n'en demeure pas moins que ces discussions ont malheureusement « libéré » une parole xénophobe et permis une instrumentalisation politique de la laïcité peu avant la présidentielle. Jean Baubérot, fondateur de la sociologie de la laïcité, cite un article du *Figaro* daté du 5 mai 2011 qui explique que les propositions de l'UMP sont en réalité un « piège » tendu à la gauche : « Copé jubile à la perspective des affres dans lesquels les [propositions de l'UMP] vont plonger les socialistes. » Dans une tribune publiée dans *Le Monde*, il affirme que la droite veut s'approprier la défense de la laïcité, qu'elle est « à l'offensive et la gauche souvent dans le malaise ». Devant les hésitations du Parti socialiste à faire preuve de souplesse et à prendre des initiatives en ce sens au lieu de laisser la droite instrumentaliser la laïcité, il ajoute : « La laïcité, pendant un siècle, a constitué un élément majeur des principes de la gauche. Aurait-elle viré à droite[1] ? »

Cela signifie-t-il que les politiques adoptent, dans des débats fondamentaux pour l'avenir de la société multiculturelle, des positions par stratégie politique ? Une des propositions intitulée « Permettre aux entreprises d'intégrer dans leur règlement intérieur des dispositions encadrant les pratiques religieuses (prière, restauration collective...) » suggère d'inclure dans le Code du travail une disposition rendant « légitime » qu'un salarié ne puisse pas « exiger de son employeur le respect de la manifestation de ses convictions religieuses en l'absence de mention du fait religieux dans le contrat de travail ». Cela signifie rien de moins que la liberté de culte serait reniée à certains citoyens. Dans cette course à qui se montrera le plus intransigeant, il n'y a guère de temps pour le dialogue et la recherche de solution durable. Souvent à des fins purement électorales, on préfère s'attaquer à ce qu'il y a de plus visible et de plus symbolique : le voile.

En attendant, force est de constater que toutes les lois qui ont été votées, les commissions parlementaires, les rapports et décisions de justice n'ont pas réussi à trouver un compromis entre le respect des valeurs républicaines et la pratique du culte musulman en France. Ils n'ont pas davantage résolu le problème – bien au contraire. De plus en plus de filles se voilent et, dans certains collèges et lycées, elles font désormais partie du paysage. Il y a celles qui enlèvent leur foulard avant de rentrer en classe,

1. « La laïcité instrumentalisée », lemonde.fr, 31 mai 2011.

celles qui le gardent sans provoquer de réaction de la part de leurs camarades ou des enseignants. De plus en plus de femmes se voilent dans les quartiers à forte présence musulmane et ne comprennent pas pourquoi leur tenue vestimentaire devrait leur être dictée. Des chrétiennes et des chrétiens se convertissent à l'islam. La communauté musulmane pratiquante est plus visible avec ou sans les lois. Et les politiques se font rattraper par les sondages d'opinion qui condamnent le foulard musulman dans leur majorité, mais ils ne veulent ni reconnaître l'échec de leurs politiques ni prendre le risque de montrer la moindre tolérance en faveur des signes religieux. Les sondages d'opinion les effraient. Si l'on en croit l'institut Ifop[1], les positions sur le voile sont tranchées parmi la population et transcendent désormais les clivages politiques : 98 % des sympathisants du FN et 92 % de ceux de l'UMP ont déclaré être opposés au port du voile dans les commerces, les crèches ou les cabinets médicaux. L'électorat de gauche y est également opposé à 77 % ! Ils sont un peu moins nombreux chez les jeunes (76 %) que chez les plus de soixante-cinq ans (86 %).

Les élus de la République ne peuvent ignorer ces positions. Par conséquent, et de manière générale, ceux dont l'électorat ne compte pas une large communauté musulmane se montrent franchement hostiles au voile ; les autres restent prudents. Ils souhaitent tous rassurer les laïcs et les catholiques qui s'inquiètent de la montée de l'islamisme et des

1. Sondage Ifop réalisé entre les 19 et 21 mars 2013, et publié dans *Ouest-France*, le 23 mars 2013.

problèmes liés à l'immigration. C'est une des raisons qui pourraient expliquer la difficulté pour le Parti socialiste à défendre des positions tranchées sur les sujets relatifs à l'islam au niveau national. Et, même s'ils ne représentent guère plus de 5 % de l'électorat, des études révèlent que les musulmans sont plus nombreux à s'inscrire sur les listes électorales et que leur vote à la présidentielle peut se révéler décisif[1]. En 2012, 86 % des musulmans ont voté pour le candidat socialiste, selon l'Ifop. Cela représente « 1,5 point du corps électoral... soit l'avance qui a permis à François Hollande de l'emporter[2]. »

Une chose est sûre cependant : la différence entre les positions des élus de droite et les élus de gauche se rétrécit au fil du temps. L'image d'une gauche tolérante, ouverte, internationaliste et respectueuse des différences est mise à rude épreuve par la pression des sondages et par la montée du communautarisme, de l'islamisme et de la violence. Difficile aujourd'hui de faire la part des choses et de briser ce cercle vicieux où le racisme engendre la violence et où celle-ci alimente à son tour la xénophobie et le racisme.

Légiférer n'est pas la solution, d'autant qu'aujourd'hui le nombre d'interdictions est élevé. Le débat sur le voile au travail, qui n'a pas encore été tranché à l'heure où j'écris ces lignes, a été mal vécu par une grande majorité de musulmans, même par ceux qui

1. Claude Dargent, Cevipof, numéro 5, décembre 2011.

2. Sondage Ifop : « Le vote des musulmans à l'élection présidentielle », juillet 2012.

avaient accepté et compris les restrictions dans les administrations publiques, et notamment à l'école.

Difficile pour ces musulmans d'admettre que, par prudence électorale, certains de leurs représentants adoptent une position pénalisant exclusivement les femmes et focalisent sur le voile sans combattre le vrai danger qui menace la société et, en premier lieu, les musulmans : l'intégrisme.

Camille, une histoire de conversion

Dans les débats sur le port du voile en France, on omet souvent d'aborder l'aspect spirituel, c'est-à-dire les raisons religieuses et psychologiques qui nous incitent à adopter et à pratiquer une religion. Elles peuvent être la recherche du sens de notre existence ou le besoin d'avoir une croyance pour mieux appréhender le monde qui nous entoure et obtenir des réponses à nos questions et à nos inquiétudes. Certains les trouvent dans la philosophie, d'autres dans la science, d'autres encore dans la réussite professionnelle... Et il y a ceux qui les trouvent dans la religion, et parfois dans celle des autres : l'islam.

Les islamologues divisent les conversions en trois catégories principales : celles liées à une quête spirituelle ; celles dites de « proximité » ou de « lien social », principalement dans les banlieues où la présence d'une communauté issue de l'immigration est plus dense ; et enfin celles de « protestation politico-religieuse ». Les trois se mélangent parfois, même si la dernière est davantage une démarche en réaction à ce qui est perçu comme une injustice envers les musulmans en France et dans le monde. Quant aux convertis à l'issue d'une quête spirituelle, ils accomplissent de longues démarches et traversent plusieurs étapes où ils commencent par douter de leurs propres croyances et, si celles-ci ne leur apportent pas les réponses souhaitées, ils vont les chercher ailleurs. Ils explorent généralement aussi bien les principales religions monothéistes que le bouddhisme. Quand ils découvrent puis adoptent l'islam, ils sont plutôt attirés par ses formes mystiques comme le soufisme. Ces conversions existent depuis des siècles. Des intellectuels français comme René Guénon ou des artistes comme Étienne Dinet et Maurice Béjart ont choisi cette religion après mûre réflexion et dans une démarche personnelle. Pourquoi l'islam ? Michel Reeber, chercheur et membre du Groupe d'études et de recherches islamologiques, l'explique ainsi : « Cinq éléments seraient déterminants… de l'ordonnancement bien structuré des croyances de l'islam, de la simplicité des rites, des exigences religieuses bien campées, de la spiritualité pratiquée par les confréries soufies, et enfin de ce que j'appelle le “silence des mosquées” pour paraphraser le titre d'une cassette de chants religieux. J'utilise cette formule pour qualifier le climat qui règne dans l'enceinte des mosquées. Il résulte d'une conjugaison d'effets produits par l'architecture de la voûte, les jeux de l'éclairage naturel, l'absence de mobilier, l'harmonie des couleurs des tapis, de la combinaison entre les lignes horizontales et verticales. Ceux qui ont été séduits par cet islam “sympathique” rejoignent en principe l'islam des groupes mystiques[1]. »

1. Propos recueillis par Laurent Testot, scienceshumaines.com, 30 mai 2013.

« Française de souche », blanche née à Puteaux, proche banlieue parisienne plutôt aisée, d'un père de gauche et athée, d'une mère catholique croyante, mais pas pratiquante, Camille[1], que j'ai rencontrée à l'occasion de ce livre, s'est elle aussi convertie à l'islam : « J'avais onze ou douze ans et je n'arrivais pas à comprendre pourquoi Jésus est considéré par les catholiques comme un Dieu. J'ai posé la question, mais on m'a répondu qu'il fallait y croire, que je trouverais la réponse dans la foi. Je n'ai pas été convaincue. Alors je me suis intéressée au judaïsme. Mais j'avais du mal à accepter le concept de peuple élu. Pour moi, Dieu est justice et c'est injuste de privilégier un seul peuple, que certains puissent pécher sans être punis alors que les autres vont en enfer. En outre, c'est très difficile d'être admis dans la religion juive. Tout cela allait à l'encontre de ce que m'avait appris ma grand-mère à propos de la religion : il ne faut rejeter personne. Elle était catholique, très croyante mais aussi très tolérante. » L'islam, lui, reconnaît les deux religions monothéistes qui l'ont précédé. Jésus y est considéré comme un prophète ; et la conversion est simple et bienvenue, les règles de base, ce qu'il faut ou ne faut pas faire, sont clairement expliquées. Aussi, quand des années plus tard, à la faveur d'une rencontre, Camille se convertit, elle a mûrement réfléchi à sa décision. Mais arrêtons-nous un instant sur son histoire.

Camille a suivi des études scolaires jusqu'à la

1. Camille n'est pas son vrai nom ; elle a souhaité rester anonyme.

dernière année de collège. En 2003, à l'âge de quinze ans, elle est transférée avec une trentaine d'autres filles dans un lycée scientifique et technique à Puteaux, que fréquentent surtout des garçons de Nanterre. La maire de Puteaux souhaite le transformer en établissement classique avec des filières générales. Une expérience test pour mélanger les élèves originaires de Nanterre et ceux de Puteaux dont le niveau de vie et les performances scolaires sont plus élevés. Une expérience pas franchement réussie pour le premier groupe de jeunes filles qui s'est retrouvé avec près de huit cents garçons, la plupart d'origine maghrébine ou africaine vivant en communautés fermées. « Il fallait avoir beaucoup de personnalité pour se faire respecter dans ce milieu masculin et machiste », dit Camille. Il est sans doute aussi indispensable de se faire des amis et de s'intégrer à un groupe qui la protégerait et l'éloignerait d'éventuels « prédateurs », selon ses propres termes. Elle ne supportait pas qu'on lui fasse des avances et ne voulait pas entrer en conflit avec les garçons qui chercheraient à sortir avec elle. « Pour eux, j'étais la femme idéale, blanche et en même temps bien encadrée par mes parents, c'est-à-dire élevée de façon stricte avec des valeurs religieuses chrétiennes. Je croyais en Dieu, j'étais pratiquante et c'était très important pour eux. En plus, je ne sortais pas le soir, je m'habillais et me comportais décemment. »

Dans ce lycée, Camille rencontre Jamel[1]. De deux ans son aîné, le jeune homme est drôle et apprécié par

1. Son prénom a été changé pour des raisons de discrétion.

toute leur bande de copains. Ils tombent amoureux l'un de l'autre. Jamel est un musulman pratiquant mais pas de manière assidue. Ses parents, arrivés en France dans les années 1960 ou 1970, n'avaient pas une connaissance de l'arabe littéraire ni une culture religieuse suffisantes pour enseigner le Coran à leurs enfants – comme la plupart des émigrés de leur génération. Quand il a eu six ans, son père a donc confié Jamel à l'imam de la mosquée de Nanterre, qui lui a enseigné un islam tolérant mais approximatif (beaucoup d'imams à l'époque n'avaient pas de bonnes formations théologiques). Il sait lire le Coran, mais ne comprend rien à ce qu'il répète à haute voix puisque le dialecte algérien qu'il parle est très différent de l'arabe classique du texte sacré.

Quand il commence à sortir avec Camille, Jamel prie donc cinq fois par jour, mais ne se prive pas de sortir en boîte de nuit et de boire de l'alcool. Sa petite amie l'accompagne et tout cela se fait le plus naturellement du monde. Puis, deux ans après leur rencontre, Camille décide de son propre chef de se convertir à l'islam sans pour autant adopter le voile. Ils vivaient à l'époque comme tous les autres jeunes couples de leur âge, à la seule différence qu'ils étaient musulmans et croyants. Mais leur histoire commence à se dégrader en même temps que la scolarité de Jamel Il redouble deux fois son BTS tandis que ses amis et Camille réussissent. Il cherche du travail, n'en trouve pas. Il rêve d'un emploi dans l'aéronautique, mais cette possibilité semble compromise pour lui. Il perd confiance et, pendant que les autres sont à l'école, lui a du temps libre. Il se rend souvent à la mosquée pour prier. Dans ce petit bâtiment blanc situé au centre de la cité Pablo-Picasso à Nanterre, il retrouve un Franco-Algérien qui venait souvent les voir à la sortie du lycée. Sofiane[1], la quarantaine, porte la barbe et le kamis (la tunique blanche qui ne couvre pas les chevilles) propres aux salafistes, il prend les jeunes désœuvrés sous son aile et les endoctrine. C'est ainsi qu'il commence à « travailler » sur Jamel en 2008.

Au contact de Sofiane, Jamel se radicalise. Il propose à Camille un mariage religieux sans passer par la mairie. La jeune fille l'épouse en cachette en juin 2008 : « Je l'aimais, j'ai donc accepté le mariage sans le dire à mes parents. » Puis un jour, Jamel lui demande de se voiler. Elle répond qu'elle le fera quand et si elle le souhaite. Pourtant Camille est une bonne musulmane, elle fait sa prière cinq fois par jour, ne consomme pas de porc, ne boit pas d'alcool et jeûne le mois de ramadan. Incitée par Jamel, elle intègre ce qu'ils définissent comme la « communauté », des jeunes musulmans qui ne fréquentent que des pratiquants et qui s'appellent entre eux « sœur » ou « frère ». Les femmes portent le hijab ou le jilbeb, la plupart des hommes sont habillés à l'occidentale. Ces jeunes se sont peu à peu éloignés de la société française sous l'influence de Sofiane. Ce dernier leur dicte leur comportement en leur expliquant ce qu'un « bon musulman » peut ou ne peut pas faire et, sous prétexte de les guider spirituellement, finit par organiser leurs vies dans les moindres détails. Comme

1. Ce n'est pas son vrai nom.

le salafiste ne parle pas aux femmes – c'est une des règles dans cette branche radicale –, elles ignorent ce qu'il ordonne à leurs époux et ne peuvent que constater l'évolution progressive de leur mentalité. Tous les jours, lorsque leurs hommes reviennent à la maison, ils leur donnent des ordres émanant directement du « gourou ». Camille ne supporte pas longtemps cette situation et, très vite, tient tête à Jamel : « Je n'étais pas comme les autres sœurs. Je résistais à mon mari, les autres faisaient ce qu'on leur disait. Leur démarche de porter le voile était dictée par la volonté de leur homme. Moi, je voulais en être convaincue avant de couvrir mes cheveux et je voulais surtout que Jamel comprenne que ce n'était pas lui qui décidait pour moi, que je restais une femme libre. Pour eux j'étais la rebelle. »

Il n'empêche. Camille commence à faire des recherches sur le voile sur Internet. Elle y trouve tout et son contraire mais décide de se fier aux *oulémas* saoudiens conservateurs pour lesquels le hijab est obligatoire, ainsi qu'aux hadiths qui rapportent la recommandation du Prophète selon laquelle les femmes se couvrent la tête pour être reconnues comme musulmanes et protégées par la communauté.

Un week-end d'août 2008, quelques jours avant le début du ramadan, Camille franchit le pas. « Je me suis fait belle. Je suis allée acheter des foulards colorés, à la mode comme on en trouve chez H & M et Zara. J'ai tout de même choisi des couleurs douces, c'est plus approprié. J'en ai noué un pour couvrir tous mes cheveux et mes oreilles et je me suis rendue chez Jamel. Il n'était pas encore rentré, alors je me suis assise sur le lit et je l'ai attendu. Quand il est arrivé, il n'a rien remarqué, il pensait que je venais de faire ma prière comme d'habitude. Nous avions prévu d'aller au cinéma. "On y va ?" me dit-il.

Je me lève, un grand couloir mène à la porte d'entrée, il l'ouvre, me laisse passer puis me dit : "Tu as gardé ton voile. – Oui. – Mais tu vas sortir comme ça ! ?" Cela ressemblait presque à un reproche, alors on a éclaté de rire tous les deux. »

Camille sort voilée pour la première fois. « J'ai décidé de porter le voile par respect et par pudeur à l'égard de Dieu. Ce n'est pas un signe de soumission à un homme ; la preuve, c'est que nous portons le voile quand nous faisons la prière, même quand nous sommes seules. »

Trois semaines plus tard, Jamel explique à Camille que d'après Sofiane, sa façon de porter le voile n'est pas la bonne ; son hijab est trop *fashion*. Ce jour-là, elle comprend que son mari est sous l'emprise du salafiste. Elle essaie de lui ouvrir les yeux, se révolte contre ses idées rétrogrades mais elle est en train de perdre la partie. Jamel devient de plus en plus mystérieux et distant ; puis un jour, il lui dit : « On va partir vivre au Yémen et tu viens avec moi. » Il lui explique qu'il ne peut plus vivre dans un pays de mécréants et qu'il ne reviendra jamais en France.

« Mais on ne pourra plus voir nos parents ?

— Je verrai les miens l'été quand ils iront en vacances en Algérie. Les tiens pourront venir aussi, rétorque-t-il.

— Et si un jour, malheureusement, nous avons un enfant malade qu'il faut soigner en France où les soins sont meilleurs et les chances de le guérir plus nombreuses ?

— S'il est très malade et qu'il meurt, ce sera *maktoub*[1]. »

Ces propos choquent Camille ; elle tente malgré tout de le dissuader de partir ou au moins de lui faire comprendre que ces idées-là ne correspondent pas à la réalité de l'islam. Elle consulte les *oulémas* par Internet : non, les conservateurs n'interdisent pas de faire soigner un malade dans un pays non musulman pour le sauver. Elle lui montre les documents mais lui ne veut croire que son mentor. Camille rentre chez elle désespérée et coupe les ponts avec son mari et la « communauté ». Elle ne répond plus aux appels de Jamel ni aux reproches de ses « sœurs » qui font pression sur elle pour qu'elle parte au Yémen. « C'est ton mari, il a un droit sur toi », lui assènent-elles. Camille, le cœur brisé, est aussi inquiète pour sa sécurité. Elle avoue alors à sa mère s'être mariée en cachette, lui raconte son histoire et lui confie ses craintes ; elle a peur de Sofiane, et elle veut divorcer. Or, c'est à l'homme d'affirmer sa volonté de divorcer devant deux témoins pour mettre un terme à un mariage religieux. À l'inverse, une femme ne peut divorcer sans l'accord de son mari. Camille demande donc à ses amis musulmans de convaincre Jamel de divorcer. Il s'exécute sous la pression, puis s'en va au Yémen. Depuis, il n'a donné que peu de nouvelles. Une seule personne peut le joindre, et en de rares occasions. Selon les dernières informations

1. « Le destin ».

qu'a reçues Camille, il aurait épousé une Algérienne de seize ans que sa famille en Algérie aurait choisie pour lui et envoyée le rejoindre. De leur union serait né un enfant.

Jamel est un exemple parmi d'autres, et sans doute pas le plus extrême – certains commettent des attentats ou partent se battre en Syrie, par exemple. Mais son profil demeure des plus classiques. Car ils sont nombreux, ces jeunes Français musulmans qui n'ont pas réussi à l'école ni trouvé d'emploi et qui aujourd'hui sont en colère contre la société, à laquelle ils imputent leur échec. Dès lors, ils sont des proies faciles pour les intégristes ; ces « recruteurs », comme les appelle Camille, répondent de manière simple et dogmatique aux questions existentielles et aux problèmes pratiques qui tourmentent ces jeunes : inutile de se torturer l'esprit, leur scandent-ils, il suffit de croire en Dieu et ne craindre que lui. Ils les encadrent et leur dictent le comportement à suivre à la lettre s'ils veulent réussir leur cheminement spirituel, « plus important », selon ces salafistes, que leur parcours professionnel. Un discours qui réconforte ceux qui désespèrent de pouvoir s'insérer dans le monde du travail.

Je me suis rendue à Nanterre en mai 2013. En passant devant la mosquée, j'ai vu Sofiane entouré d'un groupe de six jeunes hommes qui l'écoutaient religieusement. Ce phénomène commence à faire partie du paysage des villes et des banlieues où vivent un grand nombre de musulmans, et à se répandre.

Après son divorce religieux, Camille s'est éloignée

de la « communauté » salafiste tout en continuant à fréquenter les musulmans « biens » – c'est ainsi qu'elle les appelle. Il lui arrive de voir de temps à autre les parents de Jamel. Elle est toujours musulmane, pratiquante, mais a abandonné le voile.

« Pourquoi l'as-tu enlevé ?

— Pour travailler. J'avais été engagée dans une grande société où la directrice était d'origine maghrébine. Elle avait accepté que trois filles gardent leur voile. On travaillait consciencieusement, elle était satisfaite de nos performances. Mais quand elle est partie, la nouvelle directrice nous a rendu la vie impossible et n'a pas renouvelé nos contrats à durée déterminée. Alors j'ai compris que la prochaine fois que je me présenterai à un travail, ce serait sans voile. Mais je reste musulmane et pratiquante. »

Camille a récemment démarré une carrière dans la production audiovisuelle et la communication ; elle parle peu de sa religion : « J'ai été élevée dans l'idée que la religion est une démarche personnelle et privée. Je ne parlais pas de ma foi quand j'étais chrétienne, je ne le fais pas plus aujourd'hui que je suis musulmane. »

Son expérience avec Jamel a laissé des traces. Outre la déception amoureuse, elle souffre de voir la religion qu'elle a choisie après mûre réflexion être détournée par des fanatiques. Parce que Camille ne s'est pas convertie à la suite d'un choc ou à cause de pressions, ou de problèmes psychologiques. C'est la conséquence d'un long cheminement spirituel et philosophique. À l'instar de nombreux convertis, elle était déjà croyante. Elle ne trouve pas surprenant qu'une femme veuille se couvrir les cheveux. Camille a toujours été pudique, c'est son éducation. « Quand je sortais, ma mère me disait d'attacher mes cheveux pour ne pas attirer l'attention des hommes. Elle avait peur que je me fasse harceler. C'est un peu aussi pour ces mêmes raisons que le voile est recommandé en islam. Personnellement, je n'aime pas qu'un homme me regarde avec désir. Je ne l'accepte que de l'homme que j'aime. C'est pour cela que je suis à l'aise avec le voile, et je sais pourquoi je l'ai porté. Je ne suis pas comme les "sœurs" qui répondent simplement "parce qu'il faut le faire". »

Plusieurs islamologues et sociologues ont étudié les Français convertis[1] ; ils constatent que leur démarche ressemble généralement au parcours de Camille. Ils sont pour la plupart jeunes et élevés dans la religion chrétienne. Ils ont suivi des cours de catéchisme, sont croyants et pratiquants. Un jour, ils ont des doutes et leur religion ne leur apporte pas de réponse, alors ils vont les chercher dans les autres communautés monothéistes.

Mais aujourd'hui, en France, la plupart des conversions sont surtout liées à la proximité.

Certains jeunes qui vivent dans les banlieues apprécient la vision traditionnelle de la famille chez les musulmans et leur attachement à leur religion. « Les jeunes gens issus des quartiers qui se convertissent

1. Notamment Fatiha Ajbli, sociologue membre de l'UOIF ; Éric « Younès » Geoffroy, université Marc-Bloch de Strasbourg ; Loïc Le Pape, École des études en sciences sociales de Marseille.

sont en recherche de repères, constate Kamel Kabtane [recteur de la mosquée de Lyon], ils rencontrent l'islam autour d'eux, et c'est l'islam qui vient répondre à leur questionnement sur la famille, l'autorité, etc. En venant à la mosquée, les jeunes convertis retrouvent un environnement, une démarche communautaire, et ils se sentent entourés[1]. »

Dans les quartiers à majorité musulmane, un nombre croissant de jeunes hommes cessent ainsi de boire de l'alcool, prient cinq fois par jour et se rendent à la mosquée les vendredis. Certaines femmes se voilent. Certains ne vont plus manger chez leurs parents chrétiens ou athées parce que la viande n'est pas halal ou que du vin est servi à table. La plupart sont des adolescents qui veulent ressembler à leurs camarades et partager avec eux les moments forts comme le ramadan et les prières à la mosquée. Fréquenter ce lieu de culte s'avère aussi plus exotique que d'aller à la messe le dimanche, comme faisaient leurs grands-mères. Quand la dimension spirituelle est marginale, ceux qui se convertissent pour ressembler aux amis peuvent tout aussi bien changer d'avis avec le temps s'ils ne sont pas profondément croyants, ou continuer à croire en l'islam sans pratiquer, comme bon nombre de musulmans de France. Parmi ces conversions, il y a bien sûr des femmes et des hommes qui le font par amour, comme preuve de leur attachement ou pour se marier religieusement.

Éric « Younès » Geoffroy, islamologue et lui-même

1. Pierre Schmidt, « Les nouveaux convertis de l'islam », lacroix.com, 24 août 2006.

converti à l'islam après une longue quête religieuse, où il a exploré aussi bien le monachisme chrétien, tibétain et le soufisme, explique que, « jusqu'à il y a une quinzaine d'années, la plupart des conversions étaient comparables à la mienne et passaient par un intérêt spirituel. Ce qui est nouveau, ce sont les conversions de proximité, dans les cités où des jeunes Européens, pas toujours "français" d'origine, côtoient des musulmans. Ce sont des conversions plus simples que la mienne. Et, là-dedans, il y a des conversions salafistes, ou même jihadistes. Ce dernier phénomène est incontestable, mais marginal[1]. »

Il n'existe pas de recensement officiel des conversions, mais le chiffre de trois mille six cents par an circule et paraît crédible aux autorités. Du côté des associations musulmanes, les estimations sont bien plus élevées : entre trente mille et soixante-dix mille Français se seraient convertis ces dernières années selon des informations communiquées au bureau des cultes, au ministère de l'Intérieur[2]. En réalité, leur nombre exact est méconnu. Il est très difficile de les recenser, certains se convertissent en dehors des mosquées, en prononçant simplement l'acte de foi, la *chahada* (« Il n'y a d'autre Dieu que Dieu (Allah) et Mohamed est son messager »).

Ceux qui se radicalisent ne le font pas du jour au lendemain, mais par étapes. Une expérience qui renvoie à celle de Camille et Jamel est révélée dans un blog sur le journal en ligne Mediapart, qui publie

1. *Idem.*
2. *Idem.*

le témoignage poignant d'une mère. Elle se définit « française de souche, de classe moyenne et vivant en province » et raconte longuement la métamorphose de son fils converti à l'islam rigoriste :

> Baptisé, mais non pratiquant jusqu'alors, il a commencé à aller à l'église de façon sporadique et à lire la Bible. C'est à cette période, et six mois après une déception amoureuse, qu'il partit en vacances. [...] À son retour, au printemps 2010, il nous a annoncé sa conversion à l'islam. [...] Je passe les nombreux détails, jusqu'au jour où nous apprîmes qu'il n'embrassait ni ne regardait plus ses tantes et cousines. Là, ce fut un choc et mes premières larmes ont coulé. [...] Y., qui n'a jamais apprécié la solitude, s'est donc trouvé une nouvelle famille, très présente et prévenante, auprès de « ses frères ».

Les parents comprennent qu'il a rejoint la communauté salafiste, puisqu'un jour il brûle les livres, les photos, les instruments de musique, avant de partir en Égypte en 2011 puis au Maroc l'année suivante.

> Quinze jours après [son départ], il nous appelait pour nous dire que ses frères lui avaient trouvé une femme.

Puis la maman conclut par un appel aux Français, leur expliquant que le prosélytisme salafiste n'est pas limité aux banlieues et aux classes défavorisées, puisqu'elle vit confortablement en Bretagne :

> Je ne veux pas [non plus] que mon témoignage alimente une quelconque haine. Je veux montrer une réalité. Pour nous, l'islamisation de la France n'est pas une fiction.

> Les salafistes sont très actifs. Notre fils est heureux de nous annoncer régulièrement des conversions.
> Mon fils m'a fait découvrir l'islam, le Coran, et le prosélytisme. Je mesure plus que jamais à quel point il est important de défendre la démocratie, la mixité, la fraternité et la laïcité[1].

Le jeune homme a dû être, comme Jamel, pris en main par un salafiste ; il a intégré la « communauté », laquelle s'éloigne autant que possible des non-pratiquants, sépare les hommes des femmes et respecte l'islam tel qu'il était vécu et pratiqué au VIIe siècle. Convertis ou nés dans une famille musulmane se retrouvent ainsi réunis dans ce qui ressemble plus à une secte qu'à une communauté religieuse. Une communauté marginale mais plus visible et plus couverte par les médias que l'islam « bien », comme dirait Camille, c'est-à-dire ordinaire.

1. Mediapart, blog La nouvelle Héloïse, « Conversion à l'islam, témoignage d'une mère en désarroi », http://blogs.mediapart.fr/blog/la-nouvelle-heloise/290412/conversion-lislam-temoignage-dune-mere-en-desarroi

La Oumma

La question peut d'emblée paraître abrupte, voire choquante, mais il nous est indispensable, à nous citoyens et responsables politiques, d'y répondre honnêtement : la majorité des Français musulmans évoluent-ils aujourd'hui dans une société à part ? Se mélangent-ils dans les quartiers, fréquentent-ils les mêmes écoles, les mêmes universités, connaissent-ils les mêmes intellectuels, les mêmes médias, partagent-ils la même culture, s'impliquent-ils dans les affaires de la cité au sens large du terme ? Ceux qui ont étudié l'immigration en France estiment que les Français d'origine arabe ou africaine vivent entre eux et tendent à se mêler de moins en moins aux Français « de souche ». Exception faite de quelques personnalités qui sont présentées comme des exemples d'une intégration réussie, tels les artistes célèbres, les sportifs de haut niveau ou les responsables politiques nommés à des postes importants dans des gouvernements, souvent au nom de la diversité, à l'instar de Rachida Dati, Fadela Amara ou plus récemment Najat Vallaud-Belkacem.

La réalité est que le long échec des politiques

d'intégration a contraint les enfants d'immigrés à vivre ensemble dans des cités, bien différentes à tout point de vue des villes traditionnelles françaises où évolue la majorité de la population. Ils ont ainsi préservé des liens forts avec leur pays d'origine, ou celui de leurs parents ou grands-parents, et avec leurs traditions où la religion occupe une place importante. C'est pourquoi, parmi la dernière génération de Français musulmans, la pratique religieuse s'est beaucoup développée. Pour assouvir ce besoin de religion, les croyants ont consulté des imams venus du Moyen-Orient et d'Afrique du Nord, ils ont découvert les chaînes satellitaires qui complètent leur éducation et les relient avec l'extérieur, avec celles et ceux qui partagent la même religion. Imams et médias leur expliquent qu'ils appartiennent tous à la Oumma, la nation musulmane, plus vaste que la France. Ce nom, comme bien d'autres termes du Coran, peut signifier plusieurs choses mais il désigne surtout l'ensemble des musulmans du monde, unis par leur foi. Plus qu'une dénomination, c'est une doctrine. Elle reflète le sentiment d'unité de valeurs et d'intérêts de millions de musulmans issus de cultures et d'ethnies diverses, répartis sur les cinq continents. Ils s'expriment dans des langues différentes mais ne prient qu'en arabe (littéraire) ; un lien particulièrement fort instauré par la Oumma et une source de fierté pour tous les Arabes.

Certains musulmans, cependant, s'interrogent sur la manière d'appartenir à deux nations à la fois : française et musulmane, par exemple. Là encore, c'est Youssef Al Qaradawi, le spécialiste des questions des musulmans vivant en Occident, qui propose explications et solutions. Il définit le concept dans ses dimensions religieuse et historique : « Sur le plan religieux, il n'y a pas plusieurs nations musulmanes, il n'y a qu'une nation qui comprend plusieurs peuples. C'est la religion qui en fait une nation avec un seul Dieu, un seul livre, un seul Prophète, une seule idéologie, une seule juridiction (*chari'a*). La religion lui a demandé [à la nation musulmane] de s'unir, de s'épauler et de s'aider dans la foi... Cela est un devoir[1]. » Ce principe est à la base de l'idéologie des Frères musulmans, qui n'attachent pas d'importance aux frontières et agissent en tant que mouvement international d'inspiration fondamentaliste sunnite : pour eux, la religion est la charpente de toute structure sociale et politique. L'idée de s'épauler et d'instruire ses sœurs et frères dans la foi fait également partie de leurs fondamentaux et de leur mission.

L'idéologie des Frères musulmans a amplement influencé l'islam de France et ce, dès le début des années 1980, avec l'arrivée d'étudiants et de réfugiés politiques de la confrérie. Les Frères musulmans ont en effet envoyé leurs cadres étudier dans plusieurs pays occidentaux ; cela correspond à leur stratégie de conquête des esprits : leurs membres se devant impérativement d'être éduqués. Quant aux réfugiés politiques, ils sont venus d'Égypte, de Syrie, de Tunisie et d'Algérie, où la confrérie était interdite ou très contrôlée. En France, ils ont ouvert des associations,

1. www.qaradawi.net/2010-02-23-09-38-15/4/633.html

puis des mosquées financées par des pays ou par des hommes d'affaires, des Saoudiens notamment. Deux organisations ont été créées dans l'Hexagone : l'Association des étudiants islamiques en France (AIEF) et l'Union des organisations islamiques de France (UOIF). « La rivalité entre l'AIEF et l'UOIF consiste essentiellement à se disputer des troupes au prétexte de cette option stratégique qui divise les Frères musulmans du Moyen-Orient et du Maghreb : l'Europe est-elle une simple base arrière ou un enjeu en soi ? » s'interroge Fiammetta Venner[1]. « Les Frères musulmans syriens menés par Issam al-Attar sont plutôt partisans d'instrumentaliser l'islam en France au service des intérêts islamistes syriens. Les Frères musulmans, fidèles à l'approche égyptienne, ont une vision à plus long terme, où l'implantation devient une force au service des objectifs internationaux de la confrérie. » C'est la stratégie de l'UOIF qui a pris le dessus et dont les résultats souhaités ont commencé à se concrétiser à la fin des années 1980 ; ils sont devenus bien visibles aujourd'hui. De plus en plus de musulmans de France ressentent cette appartenance à la Oumma et s'identifient aux discours des intellectuels musulmans, notamment à ceux de Tariq Ramadan. Ce dernier sillonne tout particulièrement le monde francophone où il explique l'islam et tient un raisonnement qui se veut scientifique, fondé sur les textes sacrés. Conférence après conférence, interview après interview, il définit les bases d'une identité

1. Fiammetta Venner, *OPA sur l'islam de France*, Calmann-Lévy, 2005, p. 13.

musulmane décomplexée et libérée de ce qu'il nomme « la colonisation intérieure[1] ».

Preuve, s'il en fallait une, que le passé colonial est toujours vif dans les esprits et que les intégristes musulmans n'hésitent pas à l'instrumentaliser dans le but de désolidariser les jeunes d'origine immigrée des pays occidentaux où ils naissent, grandissent et vivent. Leur style et leur stratégie de communication sont intelligemment pensés. Ils tiennent un discours apaisé et répètent les mêmes idées, les mêmes dogmes, tant et tant que ces derniers en deviennent une réalité pour beaucoup de gens. Il s'agit d'une technique de communication classique, dont la formule est bien connue dans le monde publicitaire : *repetition is reputation*. À force de marteler son propos, même s'il est faux, il finit par ne plus être contesté. En un mot, de la propagande.

Tariq Ramadan s'est révélé un des meilleurs communicants musulmans européens. Il ne prêche pas, il « instruit », il ne dicte pas, il « mène une réflexion commune », il n'est pas imam, il est « intellectuel ». Mais tout ce qu'il professe va dans le sens de l'islam prôné par les Frères musulmans. Tariq Ramadan s'exprime sur un ton doctoral, le fait d'avoir enseigné à l'université d'Oxford et la connaissance approfondie qu'il a de sa religion lui confèrent une autorité indéniable. Il définit ainsi l'être musulman en quatre points fondamentaux :

1. Avoir une foi, une pratique, une spiritualité : la

1. Tariq Ramadan, conférence « L'identité musulmane », postée sur Youtube par Rap1ful, le 25 juin 2011.

pratique comprenant les obligations [dont le voile, *nda*] et les interdits ;

2. Avoir l'intelligence des textes : il explique que l'islam n'est pas figé mais qu'il continue d'interpréter les textes et leurs contextes ;

3. Étudier et transmettre : le musulman se forme, se doit d'être rigoureux, ouvert et prêt à évoluer ;

4. Agir et participer : le musulman se doit d'être actif individuellement et dans la communauté.

Puis, abandonnant le ton posé de sa voix, Tariq Ramadan conclut souvent son cours ainsi : « Et s'il y a une société qui m'enlève un de ces points-là, je lui résisterai et je la combattrai. Une société qui me dit que pour être un bon Français, il faut être un mauvais musulman, je dirai non... On ne peut pas exiger d'un homme de s'amputer pour acquérir une citoyenneté[1]. » Un message on ne peut plus clair, destiné tout particulièrement aux musulmans de France invités à enfreindre des lois pour respecter les fondamentaux dont il parle et notamment celui du port du voile à l'école. Peu importe leur loi, assure-t-il, puisque Dieu et la *chari'a* sont au-dessus des lois. Même si Youssef al-Qaradawi a « autorisé » les musulmanes à enlever le voile en classe pour le remettre à la sortie, le principe de base reste immuable : il faut obéir avant tout à sa religion quand on fait partie de la Oumma, et craindre Dieu plus que le législateur.

Seule une minorité de musulmans entend ce discours aujourd'hui. Mais la stratégie des Frères

1. *Idem.*

musulmans table sur le long terme, sur l'accompagnement des communautés fragilisées par une situation économique et sociale difficile ou par un sentiment d'exclusion ou d'échec. Leur méthode est rodée. À travers les associations de quartiers et les organisations non gouvernementales qu'ils soutiennent officieusement ou que leurs partisans financent, ils ont établi une base de sympathisants qui s'accroît au fil du temps. Car Tariq Ramadan n'est que la partie visible de l'iceberg, le gros du travail est abattu, comme il l'explique lui-même, par les musulmans qui « ne font pas de prosélytisme » mais se doivent d'« expliquer[1] » les textes de références à leur entourage. Ils sont généralement bien éduqués, avocats, médecins ou ingénieurs. Ils vivent au milieu de la communauté, gagnent sa confiance et la mènent à adhérer aux principes de la confrérie et éventuellement la porter au pouvoir ou accroître son influence politique dans le monde. « Les organisations islamistes européennes actives en 1989 s'efforçaient de s'implanter parmi la jeunesse pauvre des banlieues, dans une perspective à long terme d'où toute stratégie de violence était exclue », explique Gilles Kepel. Il poursuit : « Elles recherchaient au contraire l'appui des secteurs “démocrates” de la société française à qui les affaires de voile étaient présentées sous l'aspect d'une revendication ressortissant à la liberté d'expression et de croyance[2]. » C'est ainsi que, depuis des années, ils

1. *Idem.*

2. Gilles Kepel, *Jihad*, Gallimard, coll. « Folio actuel », 2000 et 2003, p. 313.

islamisent les banlieues sans susciter la méfiance des autorités de l'État. Ils ont procédé lentement mais sûrement, sans jamais reconnaître qui ils sont vraiment et réfutant tout lien organique avec la confrérie. Ils inculquent l'islam wahhabite, une des doctrines les plus fondamentalistes, en s'attirant les faveurs des populations d'origine émigrée à travers l'action sociale et la défense de leurs droits.

Khadija Rahmani, la mère de famille de Pontault-Combault, et ses filles me racontent qu'une famille tunisienne est venue s'installer, fin 2001-début 2002, à quelques pavillons de chez eux. « La mère était étrange, toutes ses filles étaient voilées, de la plus petite de six ans à la plus grande. Elle était mariée à un Tunisien portant la barbe. Elle ne cessait de répéter à mes filles qu'il fallait qu'elles se couvrent les cheveux, qu'elles fréquentent la mosquée, en leur expliquant qu'elles ne pouvaient se dire musulmanes et ne pas respecter les règles de la religion. Mes filles en riaient, surtout quand elles voyaient une des petites Tunisiennes enlever son voile à l'extérieur de chez elle, et notamment à l'école, et le remettre avant de rentrer à la maison. »

« Cette famille, affirme Khadija, a fini par convaincre plusieurs jeunes musulmanes de se voiler et certains chrétiens à se convertir à l'islam. Ils étaient les seuls musulmans à se comporter de la sorte dans le quartier ; les autres ne se mêlaient jamais des affaires des voisins, bien qu'ici la plupart des habitants se rendent à la mosquée le vendredi. Nous, on vit notre religion chez nous, c'est une affaire privée. Je ne comprenais pas pourquoi elle tenait tant à ce que toutes les filles se couvrent. Et puis un jour, ils nous ont annoncé leur départ en Tunisie. C'était juste après l'arrivée des islamistes au pouvoir. » Le père était vraisemblablement proche d'Ennahda et actif politiquement dans la communauté ; pourtant, à aucun moment ils ne se sont présentés comme des militants islamistes avec des idées ou un programme politiques. Ils se disaient simplement musulmans pratiquants.

Certes, les croyants ont du mal à distinguer le message politique derrière le discours religieux des intégristes. Être quelqu'un qui « a peur d'Allah » est une expression répandue en arabe pour signifier qu'une personne est honnête. S'il craint le jugement de Dieu, il ne peut pas faire de mal aux autres. C'est souvent forts de cette image de piété inspirant la confiance qu'opèrent les intégristes ; ils disent aussi se battre contre les injustices faites aux enfants d'immigrés. Ils ont ainsi réussi à prendre le rôle qu'occupaient jadis les mouvements laïcs et républicains tels SOS-Racisme ou la Marche des Beurs. Ces derniers, impuissants à améliorer leur condition sociale, ont déçu les jeunes des banlieues. Un des premiers participants à la Marche des Beurs de 1983, Toufik Kabouya, explique vingt ans plus tard les raisons de cet échec, non sans une pointe d'amertume : « Nous avons été instrumentalisés par la gauche, qui a voulu faire de nous de bons Arabes de service. Quelques-uns ont obtenu des postes, mais ici rien n'a changé. Tout est fait pour que les gens des Minguettes restent entre eux, naissent, grandissent et meurent dans les ZUP (zone d'urbanisation prioritaire)[1]. » Aujourd'hui, son propos s'applique à toutes les autres cités de France et aux partis politiques. La deuxième génération d'immigrés comme Toufik a cru en la République et a défendu ses valeurs ; aujourd'hui, elle se sent trahie par des politiques d'exclusion et par une succession de promesses non tenues et d'idéaux transgressés. Peu à peu la volonté de s'intégrer chez leurs jeunes frères ou chez leurs enfants a cédé la place à un besoin d'affirmer sa différence et de se forger une identité propre ; l'islam a comblé ce désir et les islamistes en ont profité pour asseoir leur pouvoir et renforcer leur sentiment d'appartenance à la Oumma.

La cohésion nationale est mise à mal par cette quête d'une identité religieuse et culturelle. C'est une des raisons pour lesquelles le voile est devenu dans l'esprit des Français – la majorité d'entre eux en tout cas – le symbole du péril encouru par la laïcité. Pourtant, la vraie menace ne se niche pas dans un foulard, fût-il musulman. Elle réside dans l'incapacité de la société française à regagner la confiance et l'amour de tous ses enfants, faisant d'eux des proies faciles pour ceux qui leur proposent une autre « nationalité », musulmane en l'occurrence, et qui prétendent les respecter tout en les instrumentalisant.

Tandis que les Frères musulmans avancent des arguments qui se veulent logiques et en phase avec la

1. Boris Thiolay, « Vingt ans après la Marche des Beurs », lexpress.fr, 20 novembre 2003.

société actuelle, par la voix de Tariq Ramadan et de Youssef al-Qaradawi, un autre groupe, les salafistes, prône plutôt le rejet pur et simple de tout ce qui est moderne et le retour au mode de vie du Prophète et de ses compagnons au VIIe siècle.

Ce sont les plus visibles, au sens propre, des religieux musulmans. Les hommes arborent de longues barbes mais pas de moustache, une calotte couvre leurs chefs, des tuniques blanches (kamis) leur tombent aux chevilles, ils portent des baskets aux pieds, et un blouson ou une parka quand il fait froid. Les femmes, quant à elles, sont recouvertes d'un niqab opaque et noir, et d'une paire de gants pour cacher leurs mains ; seuls leurs yeux restent à découvert. Deux raisons essentielles pour justifier un tel accoutrement ; la première : un hadith selon lequel la partie de l'habit des hommes en dessous des chevilles est « dans le feu », ou « voué à l'enfer[1] » ; la seconde est le sentiment que les musulmans ne doivent pas s'habiller comme les « mécréants ». Les femmes sont considérées par les intégristes comme des corps à cacher. Ils rapportent des hadiths et des fatwas difficilement vérifiables dans lesquels est défini ce qui est considéré comme *awra*, qui signifie littéralement « les parties de son corps qu'un être [homme ou femme, *nda*] doit dissimuler ». Selon les radicaux, la femme tout entière est *awra*, aucune partie de son corps ne doit être visible à d'autres hommes pubères que son mari. Hommes et femmes refusent

1. *Sahih al-Boukhari*, livre 77, hadith 5846. http://al-islamic.net/hadith/bukhari/77

aussi tout contact avec le monde moderne à moins qu'il ne soit indispensable ou obligatoire, au travail par exemple ou pour remplir les tâches administratives ou courantes de la vie quotidienne. Mais ils gardent leurs distances pour ne pas être influencés ou « pervertis » par d'autres mœurs étrangères aux leurs. Dans la même logique, ils refusent les représentations photographiques, les caricatures ou encore les visages trop réalistes des poupées pour les enfants ; ces dernières sont tout simplement interdites si elles ressemblent « à une créature de Dieu[1] ».

À la base de leur doctrine, il y a la conviction que les valeurs occidentales peuvent être sources de la déchéance de l'islam et de la Oumma. Pour retrouver gloire et puissance perdues, il faut revenir, selon eux, aux valeurs originelles et s'inspirer des comportements des ancêtres, les *Salaf al-Salih*, c'est-à-dire le prophète Mahomet et ses premiers compagnons, dont les quatre premiers califes. Le courant de pensée sunnite hanbalite, qui a inspiré le mouvement salafiste, est apparu au IXe siècle. Deux principaux disciples l'ont incarné : l'imam Ibn Taymiyya, mort en 1328, et Mohamed Ibn Abdel Wahhab, qui a vécu à la fin du XVIIIe siècle. Ce dernier est à la source du mouvement politico-religieux wahhabite, dont s'inspirent les salafistes, et un des cofondateurs de l'Arabie Saoudite. Frères musulmans et salafistes ont adopté aujourd'hui le même dogme ; ils prônent un retour aux origines, une application stricte de la *chari'a* et l'instauration de républiques islamiques.

1. http://ar.islamway.net/fatwa/18058

Toutefois, leurs stratégies diffèrent profondément. Les Frères musulmans, actifs politiquement, créent des partis politiques dans les pays arabes, intègrent et influencent les syndicats professionnels. En Europe, et notamment en France, ils participent pleinement à la vie de la cité, s'implantent dans les quartiers, se fondent dans la société, financent ou gèrent diverses associations et organisations humanitaires ou de défense des droits de l'homme. Les salafistes, au contraire, exigent des pratiquants une rupture totale avec le milieu européen qualifié de *Dar al-Kufr* (« la Terre de mécréance ») et vivent en communauté close, à l'écart de la vie sociale de leurs concitoyens[1]. Pour la gestion de leur vie quotidienne, et pour répondre aux questions qu'ils se posent sur la foi, ils se fient à des imams proches des autorités religieuses saoudiennes qu'ils contactent par Internet ou par Skype. Ils seraient plus de soixante-dix imams reconnus, mais les trois qui ont le plus influencé la pensée salafiste, considérés comme des références, sont le grand mufti Abdel Aziz Ibn Abdullah Ibn Baz[2], son disciple Cheikh Mohamed Ben Salih al-Uthaymeen,

1. Les salafistes sont généralement peu politisés, le mouvement est essentiellement piétiste. Des partis salafistes existent néanmoins en Égypte, en Tunisie, en Algérie et depuis plus longtemps encore au Koweït. Ils ont pris plus d'importance et sont plus actifs depuis les révolutions arabes.

2. En 1976, Ibn Baz aurait déclaré que la terre était plate et qu'il était blasphématoire de suggérer le contraire (Adel Darwish, www.independent.co.uk, 14 mai 1999). Après sa mort, un internaute s'est demandé comment il avait pu faire une telle déclaration. Ce à quoi on lui a répondu qu'Ibn Baz avait démenti ces propos : s'il reconnaissait que la terre était ronde, en revanche il refusait

et Mohamed Nasser al-Dine al-Albani. Tous morts aujourd'hui mais leurs sites en ligne demeurent une référence pour les intégristes.

Bien après leur disparition, les fatwas de ces « savants » continuent d'être reprises par d'autres qui répondent parfois en direct sur le Web aux questions des fidèles. La plupart des imams proches des Saoudiens ne prônent pas la violence, certains même la condamnent publiquement, tel le Yéménite Muqbil Ibn Hadi qui la considère comme une preuve d'ignorance. Ce dernier a ainsi jeté l'anathème sur Oussama Ben Laden dans un enregistrement audio, daté d'avant le 11 septembre 2001[1]. Ces cheikhs saoudiens, ou formés en Arabie Saoudite, soutiennent la plupart des monarchies du Golfe et s'opposent ouvertement aux révolutionnaires arabes qui appellent à renverser leurs dirigeants. C'est une différence fondamentale entre eux et les Frères musulmans.

Les adeptes des imams salafistes qui se disent non violents sont appelés les « cheikhistes ». Ils représentent la plus grande partie des salafistes français. « Quand un imam salafiste "cheikhiste" prend le contrôle de la salle de prière d'une cité de banlieue, il n'est pas rare que des problèmes de voile et de cantine scolaire apparaissent dans la foulée au collège ou au lycée voisins – conséquence de l'application des injonctions rigoristes du nouveau prédicateur,

de croire qu'elle tournait autour du soleil ! http://fatwa.islamweb.net/fatwa/index.php?page=showfatwa&Option=FatwaId&Id=59419

1. Muqbil Ibn Hadi est mort en juin 2001. http://www.youtube.com/watch?v=7YQN3xL_e0s

renforcées par la pression sociale qu'exercent sur les filles du quartier les jeunes zélotes qu'il aura galvanisés[1]. » Une description qui rappelle l'histoire de Camille et Jamel. Lorsque ce dernier a demandé à sa femme d'adopter un voile plus recouvrant (et moins coloré) que celui qu'avait choisi Camille, c'était vraisemblablement une manière de la préparer au jour où il lui demanderait de porter le niqab. Le départ de Jamel au Yémen loin de la terre des « mécréants » est une conséquence directe du lavage de cerveau auquel se livrent les prédicateurs salafistes dans les banlieues. Beaucoup d'entre eux ambitionnent en effet de s'installer un jour dans un pays musulman où ils pourront pratiquer leur rigorisme religieux sans influence étrangère, laïque ou judéo-chrétienne. Une autre différence de taille entre les Frères musulmans et ces salafistes cheikhistes.

Ce courant de pensée a commencé à s'introduire en France dans les années 1990, via les militants du Front islamique du salut algérien (FIS). Ces derniers ont gagné la confiance des habitants des banlieues en rendant des services, en enseignant l'arabe et le Coran, voire en organisant des matchs de football pour les jeunes ou en aidant les parents à remplir des formulaires administratifs. Ils ont créé leurs salles de prière pour que leurs imams n'aient pas à prêcher dans des mosquées construites ou financées par certains États du Maghreb, dont les régimes qu'ils ont combattus les ont forcés à l'exil. D'après un rapport

1. Gilles Kepel, *Fitna : guerre au cœur de l'islam*, Gallimard, 2004, p. 296.

publié en 2004 par les Renseignements généraux, leur nombre a été multiplié par dix entre 1994 et 2004 pour atteindre celui de « cinq mille à six mille, rien qu'en Île-de-France ». Les auteurs du rapport relèvent une « montée sensible du prosélytisme, essentiellement auprès des jeunes, musulmans ou pas, des quartiers sensibles[1] ». Les spécialistes s'accordent à dire que le mouvement, pourtant autonome et peu structuré, exerce une influence dans chaque communauté où il compte des prédicateurs. Influence qui, selon le contexte, a pu être jugée bénéfique. Les salafistes ont, par exemple, réussi à canaliser et même à chasser les dealers de certains quartiers, à un moment où ce violent commerce posait de gros problèmes aux habitants et à la police. « Il faut reconnaître que les pouvoirs publics locaux, quelques forces de l'ordre ainsi que certaines autorités musulmanes modérées ont vu d'un bon œil cette "croisade civique[2]". » Du point de vue des policiers qui ont suivi la montée en puissance de ces groupes, les salafistes ont acquis une respectabilité au sein de la jeunesse musulmane des banlieues, puisqu'ils prétendent détenir le savoir et connaître la voie vers une existence meilleure. Ils imposent donc leur mode de vie sans que les élus locaux et la police ne puissent s'y opposer. Les salafistes sont devenus un peu les « maîtres des lieux » ; ils correspondent plus à des gourous qu'à des caïds et suscitent de l'admiration auprès des jeunes quand

1. Claire Chartier, Besma Lahouri, *L'Express*, 7 juin 2004.

2. Pascal Radov, *Les Fabriques du Jihad*, « Jihadisme et criminalité de droit commun », Presses universitaires de France, 2005, p. 85.

ils défendent l'idée selon laquelle nulle force extérieure, quelle qu'elle soit, ne doit se mêler de leurs communautés. Et comme ils connaissent bien leurs villes, leurs quartiers et leurs habitants, ils repèrent immédiatement les policiers en civil et, le plus souvent, les intimident ou les empêchent de remplir leurs missions. Assez tranquillement, les prédicateurs peuvent continuer à endoctriner et à grossir les rangs des Français musulmans qui se sentent rejetés par la société française. Leur objectif, à terme, est d'attirer le plus grand nombre à leurs croyances ; en attendant, ils ne se mêlent pas aux autres Français et restent imperméables à tout discours laïc ou démocratique.

Devant ce phénomène, les autorités françaises ont réagi trop tard, et encore une fois sont allées au plus simple. Les premières expulsions d'imams ont eu lieu en 2004, avec celle d'Abdel Kader Bouziane, imam de Vénissieux qui avait déclaré à *Lyon Mag* qu'un mari avait le droit de battre sa femme. Bouziane est revenu en France deux mois plus tard après avoir été relaxé par la justice. Entre 2001 et 2013, 172 procédures d'expulsions ont été émises à l'encontre d'imams radicaux[1], qui prônent un islam impraticable sans contrevenir à la loi française, obligeant par exemple à porter le niqab ou à se marier religieusement sans avoir contracté de mariage civil.

À côté des salafistes cheikhistes se développent, certes dans une proportion bien moindre, les salafistes jihadistes. Ceux-là sont en guerre contre tous les régimes qu'ils considèrent comme « impies » et

1. François Béguin, lemonde.fr, 1er janvier 2012.

dans lesquels ils incluent gouvernements occidentaux, monarchies saoudiennes et États laïcs. Ils s'abreuvent de discours extrémistes à travers les sites Internet et de vidéos qui appellent à la guerre sainte. Les salafistes jihadistes sont convaincus d'être investis d'une mission divine : celle de ramener tous les « mécréants » dans la seule voie qu'ils estiment être la bonne, l'islam de leurs prédécesseurs, qui n'intègre pas, et pour cause, la modernité.

Généralement, ces jeunes gens quittent la France pour aller s'entraîner dans des camps en Syrie, au Yémen ou en Afghanistan ; ils participent parfois à des guerres violentes. Ceux qui reviennent en France endoctrinent d'autres jeunes à leur tour et gardent des contacts avec leurs mentors. Ils suivent de près les messages de l'Égyptien Ayman al-Zawahiri, l'ancien numéro deux d'Al Qaïda, qui a pris le relais après la mort d'Oussama Ben Laden. Jusqu'à ce qu'ils soient prêts à passer à l'acte.

Pour l'heure, le salafisme cheikhiste, dogmatique, n'a pas été entraîné dans le jihad armé mais, selon les spécialistes, la frontière entre les deux tendances reste ténue. Difficile de dire avec certitude si les piétistes sont non violents par conviction profonde ou s'ils attendent le moment propice pour passer au jihad armé. Selon un des connaisseurs du salafisme français, Samir Amghar, « les théologiens d'Arabie Saoudite encouragent désormais la mouvance française à s'organiser [politiquement, *nda*][1] », notamment, d'après lui, depuis

1. Bernadette Sauvaget, « Aux sources du salafisme en France », liberation.fr, 21 septembre 2012.

l'interdiction du voile intégral, ou niqab, en France. Nous n'avons pas encore vu d'appels directs des principaux savants de la mouvance. En revanche s'est créée une page Facebook en langue arabe, « Je suis musulman et contre l'interdiction du niqab en France[1] », où des salafistes appellent à réagir et demandent aux femmes de continuer à se voiler intégralement. Mais il n'y a pas eu de manifestation ou de pétition ; les salafistes se tiennent toujours à l'écart de la vie démocratique comme s'ils n'en reconnaissaient pas la légitimité.

Les jeunes gens qui ont été séduits par leurs idées ne se sentent pas ou plus partie prenante de la société française. Les débats politiques nationaux dans les médias ne correspondent pas à leur vision de l'islam, de la culture et de la réalité des musulmans. Les lois votées à la hâte par une Assemblée nationale acquise en grande partie aux adeptes de la laïcité de combat les confortent dans leur volonté de s'isoler. Ils semblent croire que leur participation au processus démocratique ne fera pas évoluer leur situation économique et sociale. Par conséquent, pendant que beaucoup de musulmans subissent sans réagir, les intégristes prennent la parole et radicalisent une frange de plus en plus importante de la communauté. Il est donc plus qu'urgent de convaincre la jeunesse que la laïcité n'est pas leur ennemi, au contraire.

1. www.facebook.com/photo.php?fbid=348760225162433&set=a.195963157108808.42912.195956787109445&type=1&relevant_count=1

La morale laïque

Salafistes, Frères musulmans et femmes en niqab restent minoritaires en France, à peine quelques milliers sur une population musulmane estimée à près de cinq millions. Les musulmans de France sont néanmoins plus attachés à leur religion que les juifs ou les protestants ; et fortement plus encore que les catholiques. 41 % d'entre eux se disent croyants et pratiquants contre 16 % chez les Français de confession ou de culture catholique. Autre chiffre plus éloquent : 34 % des musulmans affirment être croyants mais non pratiquants pour 57 % chez les catholiques[1]. Enfin, 58 % des musulmans répondent « oui » à l'affirmative : « Je trouve normal qu'on suive d'abord les règles de sa religion avant les règles de la société où on vit. » Ils sont 40 % pour les juifs à formuler la même réponse, 37 % pour les protestants et 20 % parmi les catholiques[2]. Comme la pratique de la religion est en progression chez les jeunes gens, on comprend

1. Ifop, Enquête sur l'implantation et l'évolution de l'islam en France, analyse 1989-2011.

2. Enquête Mondovision pour fait religieux.com, 14 février 2013.

mieux pourquoi certaines Françaises musulmanes tiennent à se couvrir les cheveux d'un hijab malgré les problèmes que cela peut leur poser. La plupart ne considèrent cependant pas qu'elles l'imposent à qui que ce soit, d'où leur refus d'obtempérer quand on leur demande de se dévoiler pour travailler, ou suivre des études. À l'inverse, les Français de confession ou de culture catholiques, majoritaires, n'attachent pas la même importance à la pratique religieuse et surtout ne la considèrent pas comme prioritaire par rapport aux règles de la société ; d'où la récurrence des conflits. Cela est particulièrement vrai quand il s'agit de questions liées à l'éducation des enfants, aux élèves, mais aussi aux mamans voilées quand elles veulent participer à la vie scolaire dans les écoles publiques.

C'est le cas de cette jolie jeune femme de Montreuil, en région parisienne, que je rencontre dans un bistrot de la rue Dreyfus et qui souhaite rester anonyme. En 2012, elle s'inscrit pour accompagner son enfant de trois ans à une sortie scolaire au cinéma. Elle arrive à l'heure et attend sous le préau avec les autres parents et les enfants, prêts à partir. Mais la directrice de l'école s'approche d'elle et l'informe qu'elle ne peut suivre la classe à cause de son foulard. La maman ne comprend pas, elle a déjà conduit des enfants à maintes sorties dans une autre école. Chacun, à la maternelle Pablo-Picasso, savait qu'elle portait le hijab. Mais ce jour-là, en présence de tous les enfants et des parents, la directrice lui explique qu'une circulaire de 2012 émanant de l'ancien ministre de l'Éducation nationale, Luc Chatel, interdit à tout « parent d'élève ou tout intervenant » de manifester « par leur tenue ou leur propos, leurs convictions religieuses, politiques ou philosophiques lorsqu'ils accompagnent les élèves ». « Mon fils avait les larmes aux yeux », me dit-elle. Difficile de ne pas penser que cette circulaire vise spécialement les femmes voilées. La maman demande des explications, estimant que cette décision est discriminatoire. La discussion se poursuit devant tout le monde, y compris les petits. « Les parents ne prononcent pas un mot », regrette-t-elle. La maman retourne chez elle, « humiliée et en colère ». Elle appelle le Comité contre l'islamophobie en France. L'association Mamans toutes égales, qui milite pour le droit des femmes voilées à participer à la vie scolaire de leurs enfants, est aussitôt alertée ; une manifestation est organisée. Quelques articles sont publiés dans la presse mais le conflit se règle surtout entre l'avocate du comité, la maman, la directrice et l'inspecteur de l'Académie. La directrice a effectivement appliqué la circulaire, mais tous les chefs d'établissement ne le font pas, surtout dans les quartiers à forte concentration de parents d'origine immigrée.

Anissa Fathi, une des membres de l'association Mamans toutes égales, a décidé une année de changer ses enfants d'école à cause du refus de la directrice de la laisser accompagner les élèves lors des sorties scolaires. « Mes enfants en souffraient beaucoup, rapporte-t-elle, à chaque fois qu'une sortie était prévue, mon fils de sept ans faisait une crise de nerfs. Un jour, au début de l'année, dans cette nouvelle école plus tolérante, il est rentré à la maison de mauvaise humeur, m'a montré son carnet de correspondance et m'a dit : “Il y a une sortie, mais ils ne te laisseront pas nous accompagner parce que tu portes un foulard.” Anissa n'a rien répondu mais a confirmé sa participation dès le lendemain. “Mon fils est revenu à la maison avec le papier disant que j'étais inscrite pour la sortie, il était si heureux !” »

Ces jeunes mamans nées et élevées en France sont musulmanes, portent le hijab et estiment qu'elles doivent avoir leur place dans la société à l'instar de tous les autres Français. Craindre que la présence d'une femme voilée à leurs côtés puisse influencer d'une manière ou d'une autre les enfants leur semble déraisonnable : ils en croisent tous les jours dans leur quartier et n'y trouvent rien d'étrange. « Penser qu'on va faire du prosélytisme pendant une sortie de classe est absurde, on est juste croyante et pratiquante. Mon père connaissait bien la religion, il me l'a apprise correctement, je continue à l'étudier et je la respecte », me dit la mère du petit garçon de la maternelle Pablo-Picasso.

Si certains utilisent la circulaire Chatel afin d'inciter les femmes voilées à se découvrir, non seulement le procédé est inefficace mais il est contre-productif. L'État peut sanctionner le non-respect des lois, mais il ne peut obtenir l'adhésion des citoyens aux valeurs qu'il défend en utilisant des méthodes vexatoires. Les enfants qui voient leur maman rejetée parce qu'elle affiche leur religion sont incapables de le comprendre, et encore moins de l'accepter. Ces affaires font naître chez de nombreux musulmans le sentiment que les défenseurs de la laïcité s'en prennent à leurs femmes parce qu'elles sont pieuses et à leurs hommes par racisme, les accusant d'être des machistes liberticides. Ce sentiment peut être encore exacerbé par le fait que les lois, circulaires ou décisions individuelles ne leur semblent pas rationnelles. Si cette maman portait le voile à cause d'un mari dominateur et d'un entourage coercitif, pourquoi lui faire subir une double peine en lui interdisant de participer aux activités scolaires comme les autres mères ? Rien ne prouve non plus qu'elle veuille endoctriner les enfants. Depuis quand sanctionne-t-on un délit sans qu'il soit avéré ? Non, cette maman ne fait de mal à personne, laissons-la donc accompagner son enfant. D'autant que, elle le dit avec une certaine amertume, son voile « ne gêne personne quand il s'agit de tenir des stands ou de faire des gâteaux pour les fêtes de l'école ».

Il est temps de répondre à cette interrogation, plus fréquente dans le débat public : le contact d'une femme voilée avec un enfant est-il nuisible au développement de son sens critique et à son adhésion aux valeurs républicaines ? Ici, il n'est plus seulement question de lois ou de circulaires, mais de la nécessité de faire garder ses enfants. De plus en plus de nounous et d'assistantes maternelles portent le hijab. Des parents, qui tiennent à ce que « la liberté de conscience » de leurs enfants soit garantie, peuvent-ils tranquillement les leur confier ? À la fin de l'année 2011, Françoise Laborde, sénatrice et membre de l'Observatoire de la laïcité, a proposé un texte de loi qui interdit aux assistantes maternelles accueillant des enfants à domicile de porter le hijab. Une idée jugée « grotesque », même par des sénateurs socialistes, mais qui a cependant été adoptée le 17 janvier 2012.

Janvier 2013, un an plus tard exactement, le député Roger-Gérard Schwartzenberg a présenté à l'Assemblée un texte identique à celui de Françoise Laborde, une loi qui vise donc « à introduire une obligation de neutralité dans les dispositifs législatifs relatifs à la qualification professionnelle » des nounous et assistantes maternelles. Cette proposition autoriserait les parents qui emploient une nounou à exiger qu'elle ôte son voile[1].

« À défaut de stipulation contraire inscrite dans le contrat qui le lie au particulier employeur, l'assistant maternel est soumis à une obligation de neutralité en matière religieuse dans le cours de son activité d'accueil d'enfants. »

Cette loi serait bien sûr contraire à la liberté individuelle des nounous. Pourtant, l'opinion réagit peu. Claude Askolovitch, dans le journal *Marianne*, est un des rares journalistes et intellectuels à avoir critiqué cette proposition :

« Traduit en français, écrit-il, cela donne ceci. Monsieur et Madame X, cherchant une nounou pour leur bébé, n'auront aucune raison de culpabiliser s'ils sont repoussés par un foulard musulman, et s'ils pensent mettre en danger leur enfant en le laissant à une telle jihadiste. C'est la loi républicaine qui leur dira qu'ils ont raison. Et s'ils passent outre aux préjugés, ça existe, ils devront autoriser la nounou lambda, par écrit, à pratiquer sa religion comme elle

1. http://www.assemblee-nationale.fr/14/propositions/pion0593.asp

l'entend, généreusement. Et sinon, pas de travail, pas d'aides, pas de CAF, nada ! Chaque employeur de nounou sera donc promu maître de ces nouvelles esclaves, bon maître autorisant le voile à la servante, et ce sera la loi de la République qui lui donnera ce droit... La musulmane, si elle se voile, n'est pas tout à fait notre égale. Le mépris, c'est maintenant[1]. »

En partant du constat qu'un nombre significatif de nounous sont issues des classes populaires, qu'elles peuvent être aussi musulmanes et pratiquantes, une telle loi leur bloque l'accès à un métier valorisant, en constante demande qui plus est. Elles en seront privées même si elles n'ont aucune intention ni aucun intérêt à parler de religion avec les enfants qu'on leur confie, mais simplement parce que leur religion est visible. Par peur de l'islam et par incapacité à gérer l'évolution de la composition ethnique et religieuse du pays, certains députés, sénateurs et intellectuels font des procès d'intention à toute une catégorie de la population. Pourtant ce ne sont pas les restrictions qui manquent, mais le dialogue, constructif et apaisé, pour permettre aux musulmans d'adhérer aux valeurs de la République et aux défenseurs de la laïcité de mieux connaître la réalité des musulmans de France. À quoi sert d'affaiblir l'islam, si l'on peut renforcer la laïcité ? Or cela ne se fait pas à coups de lois et d'interdictions.

On pourrait expliquer, dès à présent, aux principaux

1. Claude Askolovitch, « Fausse Laïcité et vraie saloperie (cibler les nounous voilées, encore) », blog hébergé par le site du journal *Marianne*, 15 mars 2013.

intéressés pourquoi le voile pose un problème à l'école en France. Il est évident que les immigrés et enfants d'immigrés n'ont pas conscience de l'importance de la neutralité religieuse à l'école, une des valeurs fondamentales de la République et de la cohésion nationale. Même les plus jeunes nés dans le pays et ayant fait leur scolarité dans des établissements publics n'en sont pas suffisamment avertis. Quand je demande à Fatiha, la trentaine, musulmane non pratiquante, si elle comprend pourquoi la France est laïque et pour quelles raisons la République a séparé les pouvoirs de l'Église et de l'État, elle avoue l'ignorer. « J'ai l'impression qu'ils sont laïcs seulement contre les musulmans, dit-elle. Ça ne les gêne pas qu'on parle pendant des heures à la télévision de l'élection du Pape ! » En d'autres termes : vous imposez à la télévision des heures de programmation sur l'élection du chef de votre Église et vous refusez le hijab des musulmanes à l'école ; ce n'est donc pas de la laïcité, pensent-ils, mais de la discrimination. Cette perception doit évoluer pour ouvrir un dialogue constructif. S'imprégner des grands événements historiques et sociaux qui ont contribué à bâtir la nation française peut aider à comprendre que le rejet du voile dans l'espace public n'est pas lié au racisme mais à la défense de principes fondateurs de la République. « Comment, dans une classe avec 90 % d'élèves étrangers ou d'origine étrangère, les enfants peuvent-ils s'identifier aux valeurs françaises ? » interroge un éducateur dans une enquête de l'hebdomadaire *L'Express*. « Des trois grands principes républicains, le seul qui nous reste, c'est la fraternité, mais elle est communautaire[1]. »

Cela me rappelle ma scolarité au Liban à la Mission laïque française ; nous ne nous posions guère de questions quant à l'intitulé de notre école à Beyrouth, nous ne réfléchissions pas vraiment au sens des mots « mission » et « laïque » et ne faisions pas la comparaison avec le système politique libanais, fondé sur le communautarisme et la spécificité de chacune des dix-huit confessions du pays. On ne parlait pas de religion à l'école et c'était déjà un point positif dans ce pays où le fait d'appartenir à une communauté religieuse a toujours été plus fort que celui de faire partie de la nation libanaise. Mais on ignorait pourquoi parler de religion était tabou à l'école républicaine. C'est en m'installant à Paris, qui plus est dans un milieu intellectuel et journalistique de gauche, que j'ai pu apprécier l'importance de ces valeurs pour la société française. Et si le fait de ne pas enseigner aux petits Libanais les racines de la laïcité est pardonnable, en revanche, dans une France tout aussi multiculturelle mais laïque, c'est tout bonnement incompréhensible – et dangereux. Tandis que la société en vient régulièrement à se déchirer sur les affaires du voile à l'école, beaucoup trop de jeunes élèves, et pas seulement d'origine étrangère, loin de là, ignorent les réalités historiques qui ont conduit les Français à élire ces valeurs et à adopter

1. Boris Thiolay, « Vingt ans après la marche des Beurs », lexpress.fr, 20 novembre 2003.

les principes fondateurs de la République. Comment voulons-nous qu'ils y adhèrent s'ils entendent parler de laïcité seulement lorsqu'une polémique éclate et que les intellectuels réclament à grands bruits des lois qui interdisent le hijab ? Ce n'est pas si surprenant s'ils voient dans ce combat pour préserver les valeurs laïques une attaque particulièrement dirigée contre les musulmans. Aujourd'hui, toute initiative ou tout discours sur la laïcité peuvent potentiellement s'avérer suspects à leurs yeux et être perçus comme une stigmatisation des communautés étrangères.

D'autre part, tout projet gouvernemental relatif à la laïcité provoque inéluctablement un débat public passionnel. Cela a été le cas du projet du ministre de l'Éducation nationale, Vincent Peillon, d'inclure au programme de 2015 des cours de « morale laïque ». L'objectif, selon le ministre, est de « faire partager les valeurs de la République » dès le plus jeune âge. D'après le rapport des trois personnalités chargées de mener la réflexion – qui a duré huit mois –, les axes de cet enseignement tournent autour du respect de l'autre, de la discipline, des droits de l'homme ou encore de la politesse. « Le socle des valeurs communes devrait ainsi comprendre la dignité, la liberté, l'égalité, la solidarité, la laïcité, l'esprit de justice, le respect et l'absence de toute forme de discrimination. Ces valeurs sont celles de l'humanisme moderne. Ce sont aussi les valeurs constitutionnelles de la République française, inscrites dans la Déclaration des droits de l'homme et du citoyen de 1789 et dans le préambule de la Constitution de 1946 auquel renvoie notre actuelle Constitution[1]. » Les sondages d'opinion ont révélé une forte adhésion des Français à cette initiative avant même d'en connaître les détails ou sa mise en œuvre. Ce qui montre l'attachement inconditionnel d'une majorité de Français à ces principes, alors que la question aujourd'hui n'est pas de savoir s'il faut que la France défende la laïcité mais comment elle peut y arriver dans une société multiculturelle en pleine évolution.

À l'inverse, les intellectuels se sont montrés particulièrement critiques à l'égard du projet du ministre de l'Éducation, et bien plus que les instances religieuses qui se sont contentées d'émettre des réserves, voire qui se sont abstenues de tout commentaire.

Le principal reproche à l'encontre de la morale laïque est le risque de la voir se transformer en endoctrinement républicain ou, pire, en une forme d'embrigadement socialiste. Pour beaucoup, par ailleurs, la République n'a pas de leçon de morale à donner au peuple parce qu'elle est loin d'être exemplaire. Le professeur Bernard Girard rappelle qu'« elle s'est illustrée plus d'une fois par une brutalité et une intolérance qui ne lui donnent aucune légitimité indiscutable[2] ». Cet enseignant au collège cite l'affaire Dreyfus, le vote des pleins pouvoirs à Pétain par une majorité de députés ou encore le refus « de

1. *Morale laïque. Pour un enseignement laïque de la morale,* rapport du ministère de l'Éducation nationale sur l'enseignement de la morale laïque, lundi 22 avril 2013, p. 28.

2. Bernard Girard, « Les références hasardeuses de Vincent Peillon sur la "morale laïque" », Journal d'un professeur d'histoire, Rue89, 18 février 2013.

reconnaître aux immigrés les droits civils les plus élémentaires ». Véronique Bouzou, enseignante qui revendique ses idées de droite, s'inquiète plutôt du risque de dévalorisation de l'enseignement religieux ; elle estime que le mot « laïque » est de trop : « La morale est décorrélée de la religion, [...] le bien et le mal sont des notions universelles[1]. » La critique la plus violente est cependant venue du philosophe Ruwen Ogien[2] qui parle de « croisade laïque » dans un essai au titre évocateur : *La guerre aux pauvres commence à l'école*. Selon lui, l'emploi du mot « "laïque" sert à mieux désigner la cible de la vindicte ministérielle, les musulmans. Bref, la morale laïque serait le paravent présentable d'une campagne ultraconservatrice menée contre les jeunes, comme on dit, "issus de l'immigration[3]". »

Certains passages du rapport pourraient en effet être interprétés comme une évaluation négative de « la morale » des jeunes en général, et des enfants d'immigrés en particulier. « Le droit des individus à faire les choix éthiques qui leur conviennent, écrivent les rapporteurs, les options de sens et les choix de vie qui leur procurent satisfaction et bonheur a néanmoins pour contrepartie une fragilisation des normes morales communes, par ailleurs ébranlées par la

1. Denis Peiron, « Morale laïque, les professeurs sceptiques », *La Croix*, 22 avril 2013.

2. Ruwen Ogien a été auditionné par les rapporteurs du projet sur l'enseignement de la Morale laïque.

3. Ruwen Ogien, *La guerre aux pauvres commence à l'école : sur la morale laïque*, Grasset, 2013, cité par tempsreel.nouvelobs.com, rubrique Éducation, 19 avril 2013.

domination de l'argent et par la tentation du repli identitaire qui vient concurrencer la citoyenneté, sur le double plan de l'appartenance et de l'allégeance[1]. » S'il n'y avait pas eu les affaires de voile à l'école, propageant moult idées préconçues sur l'influence de l'islam dans les institutions de la République, ces propos auraient vraisemblablement paru s'adresser à la société française tout entière – mais les notions de « repli identitaire », d'« appartenance » et d'« allégeance » ne s'appliquent pas, en effet, à la laïcité. Devinez qui, là encore, se sent visé ?

Par ailleurs, le choix des rapporteurs n'était pas de nature à rassurer les sceptiques. Tous trois sont « français de souche », socialistes ou proches du Parti socialiste : Alain Bergounioux, inspecteur général de l'Éducation nationale qui a occupé des fonctions dans des cabinets de ministres socialistes ; Rémy Schwartz, conseiller d'État proche du PS, ancien rapporteur de la commission Stasi ; Laurence Loeffel, professeure en philosophie qui a adopté une approche plus scientifique et qui a été promue inspectrice générale de l'Éducation nationale par Vincent Peillon. Ils sont faits pour s'entendre sans trop argumenter, et pour aboutir à des conclusions conformes aux vœux du ministre. Les rapporteurs ont auditionné quarante-cinq personnes, dont des philosophes tels Alain Finkielkraut, un membre du secrétariat général de l'enseignement catholique ou encore Lilian

1. *Morale laïque. Pour un enseignement laïc de la morale,* rapport du ministère de l'Éducation nationale sur l'enseignement de la morale laïque, lundi 22 avril 2013, p. 8.

Thuram qui a créé une fondation, Éducation contre le racisme. Étonnamment, aucune association de quartier défavorisé ne figure sur la liste des personnes rencontrées et auditionnées par la commission[1]. C'est pourtant là où l'enseignement des fondamentaux de la laïcité, dès le plus jeune âge, est le plus utile car ils sont rarement enseignés à la maison. La morale religieuse, les notions de bien ou de mal, sont en revanche transmises par les parents, particulièrement dans les familles conservatrices d'origine immigrée.

Vincent Peillon s'est défendu de vouloir imposer une pensée unique ou influencer les jeunes. « La morale laïque, c'est le contraire de la raison d'État », a-t-il expliqué lors de la remise du rapport le 22 avril 2013, expliquant qu'il s'agissait là d'une « morale non confessionnelle qui [devait] permettre la coexistence de toutes les croyances dans la même société ». C'est vrai que, étant donné la teneur des débats habituels, nous avions quelque peu perdu de vue cette caractéristique pourtant essentielle de la laïcité… Les critiques ont finalement obtenu gain de cause, l'intitulé du cours a été modifié pour apaiser les esprits. Las ! Plutôt que de supprimer le terme subjectif de « morale » qui rappelle trop « l'ordre moral », les valeurs morales religieuses ou encore la morale enseignée par les parents, dont c'est le rôle, après tout, singulièrement, c'est le mot « laïque » qui a été sacrifié. Le mot « morale » est resté – et on y ajoutera la notion d'éducation

1. Alain Bergougnioux, Laurence Loeffel et Rémy Schwartz, *Pour un enseignement laïc de la morale*, rapport remis à Vincent Peillon, ministre de l'Éducation nationale, le 22 avril 2013, p. 47-48.

civique à la rentrée 2015. Voilà une occasion manquée d'enseigner l'histoire de la laïcité, ses origines, ses combats passés et présents. Ce n'est pas la laïcité qui divise, les sondages en attestent, c'est plutôt le mépris des croyances de l'autre et l'intolérance qui provoquent la fracture sociale que certains tentent de faire passer pour une « guerre de civilisation ». Une rupture de confiance s'est produite entre une frange importante de jeunes immigrés ou d'origine immigrée et le reste de la société française. Elle remonte à la période coloniale, dont on n'a pas non plus enseigné l'histoire objectivement – si on l'a enseignée... –, et perdure avec des élites qui semblent dépassées et/ou excédées par cette crise.

Ce dernier épisode de la morale laïque ou civique montre encore à quel point la classe politique et une partie de l'élite intellectuelle du pays sont perçues par les citoyens comme une oligarchie qui évolue dans une bulle, détachée des réalités majoritaires et incapable d'élaborer des idées adaptées aux problèmes actuels et aux personnes dont ils ignorent beaucoup.

La plupart des références citées dans les discours sur la laïcité sont empruntées aux expériences passées. Or, en décembre 1905, année de la loi sur la séparation des Églises et de l'État, on ne comptait pas près de cinq millions de musulmans en France, les télévisions satellitaires n'existaient pas, les réseaux sociaux non plus. La politique du voile au sein des colonies a montré ses limites, et pourtant celles et ceux qui veulent combattre le port du foulard continuent à employer les mêmes méthodes pendant que les intégristes, et notamment les Frères musulmans, élaborent un système de communication et une stratégie d'endoctrinement très efficaces. Dans cette bataille, les républicains sont sur la défensive. Au lieu d'affronter les dangers du communautarisme et de la radicalisation musulmane avec des armes modernes, ils se défendent avec des méthodes usées. Oui, le voile est parfois utilisé pour provoquer et fragiliser les valeurs laïques, mais « c'est une provocation qui ne peut pas être supprimée, explique Christian Joppke, à moins que l'Occident renie ses propres valeurs de tolérance et de liberté religieuses. C'est ce paradoxe-là qui se trouve au cœur de toutes les polémiques sur le voile : le voile est un affront aux principes de liberté, mais son interdiction représente également un déni de cette même valeur de liberté[1]. »

Pour préserver la laïcité et les valeurs de la République, il faut donc commencer par chercher une solution à ce dilemme.

1. Christian Joppke, *Veil : Mirror of Identity,* Polity Press, 2009, p. 4.

Conclusion

La laïcité interdit-elle le port du foulard ? Les réponses divergent autant que les interprétations de l'obligation de porter le voile en islam.

La question du foulard ne se pose pas entre Français musulmans et (non-musulmans) laïcs. Il vient de l'influence grandissante que des islamistes rigoristes exercent sur une partie de la population française, fragilisée par une condition sociale et économique difficile. Ces jeunes auraient pu vivre leur foi comme une affaire privée et les musulmanes concernées auraient pu adopter les interprétations progressistes sur le voile. Cependant l'échec de l'intégration des Français d'origine africaine et maghrébine a mené à une situation que la simple pratique religieuse n'aurait jamais dû provoquer.

Néanmoins, face à ces manifestations d'appartenance religieuse dans un pays laïc qui les tolère mal, face aux crises provoquées par le foulard musulman, des voix plus nombreuses s'élèvent pour demander aux responsables politiques de ne plus réagir hâtivement, émotionnellement et à des fins purement électorales. De cesser de légiférer systématiquement, et souvent en vain. De leur côté, les musulmans laïcs, majoritaires, ne réclament jamais rien qui puisse être en contradiction avec l'esprit et les valeurs de la République. Ceux qui ne sont pas nés en France se sont adaptés sans effort à une société de culture judéo-chrétienne, le plus souvent parce qu'ils ne sont pas pratiquants – quoique croyants. Hélas, nous n'entendons pas assez leur voix pour expliquer ce qu'ils pensent, comment ils réagissent à ces débats qui divisent ni ce qu'ils préconisent contre les abus de certains musulmans radicaux.

Car, de toute évidence, le vrai problème, qui pourrait bien s'aggraver si nous n'apaisons pas la réflexion et la parole, vient de celles et ceux qui instrumentalisent le foulard à des fins religieuses ou politiques, parfois sur fond d'islamophobie ou de racisme ; il vient aussi de l'ignorance ou de la méconnaissance que nous avons : les uns de la laïcité et de ses fondements, les autres de la culture d'origine d'un bon nombre de Français qui composent la nation aujourd'hui. La laïcité doit rester cette forme généreuse, intelligente et juste, qui fait vivre ensemble toutes les idées, les religions et les philosophies sans que l'une d'elles n'impose sa vision à l'autre et porte atteinte à sa liberté de penser, de croire en Dieu ou d'être athée. Certains extrémistes laïcs qui veulent bannir le voile, y compris dans l'espace privé, mélangent à tort athéisme et laïcité ou sécularisme et laïcité. La religion existe et a le droit d'exister ; la loi de 1905 « garantit le libre exercice des cultes ». Elle ne vise pas à faire disparaître la religion du pays, quelle qu'elle soit, elle facilite au contraire la pratique de son culte et la protège. Il faut pouvoir le rappeler haut et fort sans être accusé d'être un fossoyeur de la laïcité.

La laïcité, par définition, ne supporte aucun dogme et s'il y a bien un fondement qui doit être débattu avec discernement et sérénité, en enregistrant les changements réguliers qui redessinent nos sociétés, c'est celui-là.

Par ailleurs, l'article 28 interdit « d'élever ou d'apposer aucun signe ou emblème religieux sur les monuments publics ou en quelque emplacement public que ce soit, à l'exception des édifices servant au culte, des terrains de sépulture dans les cimetières, des monuments funéraires, ainsi que des musées ou expositions ». L'interdiction des signes religieux à l'école peut entrer dans cette conception de neutralité nécessaire pour préserver la liberté de conscience des enfants. La première affaire du voile en 1989 a montré l'obligation de rappeler ces règles qui ont permis à la France de se construire en une nation solidaire ouverte sur le monde, respectueuse des différences et accueillante. Cependant, les lois votées, mais non applicables pour les raisons développées précédemment, n'ont su rappeler ces règles ; elles ont échoué à expliquer aux opinions publiques – musulmanes ou non – le bien-fondé de la séparation du religieux et de l'État, tout en respectant la foi et la pratique de chacun. C'est parce que, potentiellement, ces lois privaient de (très) jeunes filles voilées d'apprendre dans un environnement laïc et public, voire risquaient de les réserver à un strict environnement communautariste, qu'elles ont failli dans leur visée.

On peut comprendre que l'arrivée de jeunes filles voilées à l'école, en 1989, ait choqué une bonne part de la société française et provoqué un besoin d'interdire cette expression religieuse là où les enfants doivent rester libres de toute influence spirituelle ou politique. La loi de 2004 aurait suffi. Nous savons aujourd'hui que toutes les lois votées depuis ne sont pas applicables, alors pourquoi insister dans cette volonté de légiférer ? C'est cet acharnement qui est préjudiciable à la cohésion sociale du pays.

Les débats sur la laïcité et les signes religieux se sont particulièrement concentrés sur le voile, un symbole aux formes multiples mais souvent amalgamées (on l'a vu, le foulard n'est pas le jilbeb ou le niqab, par exemple), représenté par certains comme un étendard autour duquel les fondamentalistes ou radicaux veulent rallier leurs troupes à la conquête de l'État laïc, ou du moins dans le but de le faire flancher sur la question. Simplement, trop souvent, nous confondons voile et extrémisme ou voile et expansionnisme de l'islam. Seule une minorité, parmi laquelle les Frères musulmans, a réellement un projet politique en Europe. Quant aux femmes voilées, la plupart ne sont pas islamistes ; elles sont musulmanes pratiquantes et veulent plaire à leur Dieu en se voilant. Certaines se couvrent aussi pour afficher leur identité. Est-ce pour autant une raison de leur interdire de se mélanger à tous les Français, comme si elles portaient une maladie contagieuse que l'on aurait peur de voir contaminer les « corps sains » ?

Ces temps-ci, lorsqu'on parle d'interdire aux femmes

voilées de venir travailler dans certains endroits ainsi vêtues, on vise le foulard, et non pas le voile intégral ; lorsqu'on veut interdire aux assistantes maternelles, musulmanes et pratiquantes, d'accueillir et de garder des enfants, c'est leur fichu que l'on a dans la ligne de mire. En outre, s'opposer à ce qu'une femme en foulard travaille dans un bureau mais lui permettre de faire le ménage voilée n'est pas seulement une preuve d'incohérence, c'est une injustice. C'est dire si la bataille contre le foulard est totale – et sûrement à l'encontre de la loi de 1905.

Non-respect des différences, intolérance, défiance, abandon, voire mise au ban de certaines populations, cela renvoie à ce qui paraît être à la base et au cœur de notre sujet : la question sociale. Que les femmes soient en jupe ou en jilbeb, les hommes en jeans, en jogging ou en kamis, qu'ils soient black, blancs, beurs, d'origine étrangère ou « français de souche », pour ces populations qui vivent dans des banlieues ou quartiers désœuvrés, durement touchés par le chômage et le peu de perspectives, l'égalité des chances reste un concept pavé de bonnes intentions. Nous devons aussi nous poser la question de l'héritage du colonialisme, la question de l'islamophobie galopante, parfois encouragée par la parole de nos élus ou les choix éditoriaux de certains grands médias ; voire même la question d'un certain racisme, car, derrière le voile, et derrière l'islam, ce sont pour une grande part des Noirs et des Arabes.

La précarité, ou la pauvreté, peut également engendrer des revendications à l'encontre des valeurs nationales ou de l'ordre établi. Une révolte sourde, qui semble dire : « Si on ne peut partager le bien-être social (pour ne pas dire la richesse), alors comment partager les valeurs ? » Dans ces quartiers où les populations d'origines africaine et maghrébine (des populations françaises aujourd'hui, il faut le rappeler) sont denses, où la foi et la religion sont fortes, l'islam n'est cependant pas la solution pour subvenir aux besoins les plus élémentaires (école, santé, logement décent, travail, etc.) mais il peut être une source de réconfort et, pourquoi pas, une façon de se « draper » dans sa dignité, dans un esprit spirituel et non pas simplement matérialiste. Stigmatiser ces femmes et ces hommes pour leur foi et leurs traditions est dangereux, pire encore de proférer des paroles racistes à leur endroit comme on l'entend de plus en plus fréquemment. S'ils ne sont pas tentés de chercher des appuis à l'étranger, ils peuvent être tentés par le repli communautaire (par la religion) et amenés à se rapprocher des fondamentalistes religieux. Ainsi, en s'opposant farouchement à tout signe visible (prioritairement musulman) et surtout au simple foulard, celles et ceux qui partent en croisade, rangs serrés, au nom de la laïcité (à moins qu'ils ne confondent laïcité et mépris de certaines religions ?) apportent inévitablement de l'eau au moulin des Frères musulmans : bien commode de pouvoir répandre partout, ici comme à l'étranger, l'idée selon laquelle la France est athée et raciste. C'est tout l'intérêt des Frères de montrer à quel point les musulmans sont opprimés et avec quelle urgence il faut s'unir contre le danger laïc/athée. Cela fait partie de leurs arguments pour justifier la nécessité d'établir un État islamique ;

la seule forme de pouvoir politique, selon eux, qui peut permettre aux croyants de respecter la volonté divine librement.

Ce que certains ont appelé « guerre de civilisation » se mue en « guerre de communication » que les intégristes pourraient bien gagner dans la mesure où la partition qu'ils jouent est sur le mode de l'injustice faite aux musulmans.

Certes il existe un islam inquiétant parce que radical, excluant et belliqueux. Cependant ce n'est pas cet islam-là qui est visé en France par celles et ceux qui combattent le foulard ; il n'est pas identifié dans les discours politiques et on ne peut l'interdire par une loi. Pourtant, le seul grand problème qui se pose aujourd'hui, c'est celui du pouvoir des Frères musulmans et des salafistes, qui progresse peu à peu dans la société française. En focalisant sur le voile, politiques, intellectuels et éditorialistes de tout crin ne s'attaquent pas aux dangers réels de la radicalisation religieuse et ne proposent aucune solution – politique et sociale (c'est même le contraire) – pour contrer et freiner ces mouvements.

Pouvons-nous raisonnablement croire que nous parviendrons à endiguer toute radicalisation en multipliant les lieux d'interdiction du port du voile ? En tenant des propos méprisants et définitifs sur les femmes qui le choisissent et en jetant l'opprobre sur leur entourage ? En s'éloignant des valeurs qui font (ou ont fait ?) la grandeur de la France : ouverture sur le monde et ses nombreuses cultures, tolérance, respect des différences, esprit ouvert et éclairé, et parole apaisée ? Rien n'est moins sûr. Tous les Français, quels que soient leur sexe, leur origine, leur religion, leurs convictions, leurs milieux sociaux, doivent bénéficier des mêmes droits.

Acceptons de dialoguer tous ensemble et de réfléchir avec nos différences. Ouvrons un débat constructif, sans colère a priori ni jugement intempestif de part et d'autre, et notamment avec des féministes musulmanes telles Margot Badrane, Ziba Mir-Hosseini ou Lila Abu-Lughod. Elles ne portent pas le voile mais sont crédibles en matière de théologie et défendent un islam ouvert et particulièrement compatible avec la laïcité.

L'islam ne doit pas effrayer davantage ; apprenons à le connaître un peu mieux, à l'instar de n'importe quel courant de pensée ou religieux, et à l'accepter plus sereinement en France. De la même manière, enseignons largement la laïcité afin qu'elle soit comprise et respectée par les croyants sans qu'ils y voient une atteinte à leurs droits ou une volonté de les stigmatiser. Dans la société française multiculturelle, où les origines et les couleurs qui composent le pays sont aujourd'hui variées, pourquoi ne pas enseigner les valeurs qui ont grandi la France et s'enrichir aussi de la culture de celles et ceux qui viennent d'ailleurs, ou dont les parents ou les grands-parents viennent d'ailleurs ?

C'est, selon toute logique, le seul moyen de dépassionner le débat et de le faire progresser le plus sereinement possible. Une solution à long terme qui ne supportera plus les déclarations méprisantes ou électoralistes, ni le déni de la fracture sociale qui isole les quartiers et les banlieues populaires du reste du pays. Une solution qui ne supportera plus que l'on se trompe de combat et d'ennemi. Mais qui peut, au contraire, nous réconcilier avec l'esprit français que j'aime à redire : ouverture, tolérance, respect des différences.

La France est-elle prête à faire ce pas ?

Entre autres lois relatives au port des signes religieux

9 décembre 1905

Loi de séparation des Églises et de l'État (article 1) : « La République assure la liberté de conscience. Elle garantit le libre exercice des cultes sous les seules restrictions édictées ci-après dans l'intérêt de l'ordre public. »

2 janvier 1907

Loi concernant l'exercice public des cultes (article 1) : « L'État, les départements et les communes recevront à titre définitif la libre disposition des archevêchés, évêchés, presbytères et séminaires qui sont leur propriété. »

4 octobre 1946

Inscription dans la Constitution de la IVe République du principe de laïcité : « La liberté de conscience et des cultes est garantie par la neutralité de l'État. »

4 octobre 1958

Article 1 de la Constitution : « La France est une République indivisible, laïque, démocratique et sociale. Elle assure l'égalité devant la loi de tous les citoyens sans distinctions d'origine, de race ou de religion. Elle respecte toutes les croyances. »

31 décembre 1959

Loi dite Debré sur les rapports entre l'État et les établissements d'enseignement privés : « L'établissement, tout en conservant son caractère propre, doit donner cet enseignement dans le respect total de la liberté de conscience. »

23 novembre 1977

Décision du Conseil constitutionnel reconnaissant que « la liberté de conscience doit être regardée comme l'un des principes fondamentaux reconnus par les lois de la République ».

26 janvier 1984

Loi dite Savary sur l'enseignement supérieur (article 3) : « Le service public de l'enseignement supérieur est laïc et indépendant de toute emprise politique, économique, religieuse ou idéologique. »

27 novembre 1989

Avis du Conseil d'État sur le port du foulard à l'école publique, à la demande du ministre de l'Éducation nationale : « Le port par les élèves de signes par lesquels ils entendent manifester leur appartenance à une religion n'est pas par lui-même incompatible avec le principe de laïcité. »

20 septembre 1994

Circulaire Bayrou sur le port de signes ostentatoires dans les établissements scolaires. « Il n'est pas possible d'accepter à l'école la présence et la multiplication de signes si ostentatoires que leur signification est précisément de séparer certains élèves des règles de vie commune de l'école. Ces signes sont, en eux-mêmes, des éléments de prosélytisme. »

14 avril 1995

Avis du Conseil d'État sur l'autorisation d'absence scolaire le samedi pour les élèves de confession juive : « Les élèves qui en font la demande [peuvent] bénéficier individuellement des autorisations d'absence nécessaires à l'exercice d'un culte ou à la célébration d'une fête religieuse. »

27 novembre 1996

Confirmation par le Conseil d'État de plusieurs exclusions d'élèves voilées pour cause de troubles au bon fonctionnement des établissements.

11 décembre 2003

Remise du rapport Stasi sur l'application du principe de laïcité dans la République. Il recommande l'interdiction des signes ostensibles d'appartenance religieuse à l'école : « Les tenues et signes religieux interdits sont les signes ostensibles, tels que grande croix, voile ou kippa. »

15 mars 2004

Promulgation de la loi numéro 2004-228 qui interdit le port de tenues et de signes religieux à l'école (article 1) : « Dans les écoles, les collèges et les lycées publics, le port de signes ou tenues par lesquels les élèves manifestent ostensiblement une appartenance religieuse est interdit. »

30 mars 2010

Le Conseil d'État rend son étude sur les possibilités juridiques d'interdiction du port du voile intégral. Il estime « qu'une interdiction générale et absolue du port du voile intégral en tant que tel ne pourrait trouver aucun fondement juridique incontestable ».

11 octobre 2010

Promulgation de la loi interdisant la dissimulation du visage dans l'espace public. Elle entre en application le 11 avril 2011.

Article 1 : « Nul ne peut, dans l'espace public, porter une tenue destinée à dissimuler son visage. »

Article 4 : « Le fait pour toute personne d'imposer à une ou plusieurs autres personnes de dissimuler leur visage par menace, violence, contrainte, abus d'autorité ou abus de pouvoir, en raison de leur sexe, est puni d'un an d'emprisonnement et de 30 000 € d'amende. Lorsque le fait est commis au préjudice d'un mineur, les peines sont portées à deux ans d'emprisonnement et à 60 000 € d'amende. »

30 mai 2011

L'UMP dépose une proposition de résolution sur les signes religieux dans les entreprises privées pour « modifier le Code du travail afin de fixer un cadre aux restrictions visant à réglementer le port de signes et les pratiques manifestant une appartenance religieuse ». Elle est adoptée à l'Assemblée nationale, mais n'est pas contraignante.

16 septembre 2011

Le Haut Conseil à l'intégration préconise d'autoriser les entreprises à intégrer dans leur règlement intérieur « des dispositions relatives aux tenues vestimentaires, au port de signes religieux et aux pratiques religieuses dans l'entreprise » si la sécurité, le contact avec la clientèle ou la paix sociale interne l'exigent.

17 janvier 2012

Adoption par le Sénat d'une proposition de loi qui interdirait aux assistantes maternelles de porter un signe d'appartenance religieuse quand elles reçoivent des enfants à leur domicile.

29 mars 2012

Circulaire Chatel qui demande d'« empêcher que les parents d'élèves ou tout autre intervenant manifestent, par leur tenue ou leurs propos, leurs convictions religieuses, politiques ou philosophiques lorsqu'ils accompagnent les élèves lors des sorties et voyages scolaires ».

Janvier 2013

Un texte identique à celui présenté au Sénat concernant les assistantes maternelles est proposé à l'Assemblée. Il vise « à introduire une obligation de neutralité dans les dispositifs législatifs relatifs à la qualification professionnelle ».

19 mars 2013

Arrêt de la Cour de cassation concernant la crèche Baby-Loup qui annule le licenciement de l'employée voilée sur une base juridique. « Le principe de laïcité instauré par l'article 1er de la Constitution n'est pas applicable aux salariés des employeurs de droit privé qui ne gèrent pas un service public [...] il ne peut dès lors être invoqué pour les priver de la protection que leur assurent les dispositions du Code du travail. »

22 mars 2013

Proposition de loi UMP qui vise à interdire les signes religieux dans les entreprises et associations privées. Il modifierait le Code du travail afin de permettre aux directions d'entreprises d'interdire les signes religieux sur le lieu de travail.

6 juin 2013

La proposition de loi UMP sur l'interdiction des signes religieux dans les entreprises privées est rejetée à l'Assemblée nationale.

25 juin 2013

Premier rapport d'étape de l'Observatoire de la laïcité, inauguré en avril 2013, qui estime que « la tonalité générale nous permet de dire que la France n'a pas de problème avec sa laïcité ».

5 août 2013

Le quotidien *Le Monde* publie un rapport du Haut Conseil à l'intégration qui propose l'adoption d'une loi interdisant « dans les salles de cours, lieux et situations d'enseignement supérieur, les signes et tenues manifestant ostensiblement une appartenance religieuse ».

Lexique

Alaouites (aussi appelés les Nusayris)
Secte ésotérique et minoritaire de l'islam chiite, présente en Syrie et dont est issue la famille Assad. Leur nom signifie « partisans d'Ali » (Ali Ibn Abi Taleb), gendre du prophète Mahomet. Il ne faut pas les confondre avec la dynastie alaouite régnant au Maroc depuis 1966.

Alim (féminin : *alima*)
Docteur, savant en religion, appelé aussi cheikh ou *allama*.

Ash'âr
« Cheveux », en arabe

Awra
Dans les textes sacrés, il signifie « ce qui doit être caché ». En arabe courant (littéraire et dans plusieurs dialectes), il peut vouloir dire un « défaut » ou encore une « femme borgne ».

Ayatollah
Titre donné aux chefs religieux de l'islam chiite.

Burqa
Habit ample d'origine afghane, généralement bleu, qui couvre intégralement le visage et le corps d'une musulmane. Seul un grillage en tissu sur les yeux permet à la femme de se déplacer.

Calife
Du mot arabe *khalifa* qui signifie « successeur » ; il désigne tous les souverains devenus chefs suprêmes des musulmans après la mort du Prophète.

Chaféite ou Shâfi'ite (école)
Une des quatre écoles de jurisprudence sunnite qui accepte les apports personnels dans l'interprétation de certains textes. Elle est surtout présente en Asie du Sud-Est et en Afrique de l'Est.

Chahada
Profession de foi en islam : « Il n'y a de Dieu que Dieu et Mahomet est son Prophète. »

Chari'a
Loi issue des textes sacrés et de la jurisprudence de l'islam. Elle régit – de manière plus ou moins stricte – la vie religieuse, politique et sociale dans bon nombre de pays musulmans.

Cheikh ou Alim
« Savant en religion ». Ce titre est également attribué aux notables, aux nobles, aux chefs de tribus et aux personnes âgées.

Cheikhiste
Se dit généralement des salafistes qui suivent les recommandations des cheikhs ou savants en religion.

Chiites
Du mot arabe *chi'a* ou « parti ». Lors de la lutte pour la succession du troisième calife en l'an 656, ceux qui se sont rangés derrière Ali, le gendre du Prophète, furent appelés *chi'at* Ali ou les partisans d'Ali. Cet événement majeur dans l'histoire de l'islam peut être défini comme un « schisme » qui scinda la nation musulmane (Oumma) en deux grands groupes : les sunnites (majoritaires) et les chiites qui élaborèrent une tradition juridique et cléricale propres.

Dar al-Kufr
Terre de mécréance ou d'impiété. Elle indique les pays où sont appliquées des lois non musulmanes. Elle s'oppose au Dar al-Islam où s'applique la *chari'a*.

Da'wa
Appel à la propagation de la foi, ou la propagation de la foi.

Fatwa
Avis juridique fondé sur les textes sacrés qu'édicte un savant religieux en réponse à une question ou à une situation précises.

Fiqh
Étude de la jurisprudence islamique, de la science religieuse, politique et sociale fondée sur les textes sacrés.

Frères musulmans
Mouvement politico-religieux qui s'inspire de l'islam wahhabite (rigoriste), créé en Égypte en 1928 par Hassan al-Banna.

Hadith
Recueil des paroles et gestes du prophète Mahomet, tels qu'ils ont été rapportés (essentiellement) par ses compagnons.

Hanafite ou Hanéfite (école)
Une des quatre écoles de l'islam sunnite, considérée comme la plus libérale. Elle est surtout présente en Turquie, en Afghanistan et en Inde.

Hanbalite (école)
La plus rigoriste des quatre écoles de l'islam sunnite. Présente en Arabie Saoudite, elle a fortement influencé les mouvements islamistes.

Hijab
Signifie « barrière » ou « ce qui cache » et désigne le foulard qui couvre les cheveux, le front et les oreilles des musulmanes.

Hijra ou l'Hégire

Fuite du Prophète de La Mecque à Médine en septembre 622. Cette date marque le début du calendrier musulman, appelé aussi le calendrier hégirien.

Ijma'

Consensus de la communauté sur les questions contestées.

Ijtihad

Signifie « effort » d'interprétation, surtout intellectuel, pour résoudre des problèmes qui ne sont pas abordés dans les textes sacrés.

Imam

Guide spirituel, celui qui dirige la prière et/ou la communauté. Chez les chiites, les imams sont les descendants d'Ali (gendre du prophète) et peuvent diriger la communauté des croyants.

Jahiliya (« L'Ignorance »)

Époque qui a précédé la révélation de l'islam dans la péninsule Arabique où prédominaient le paganisme et les mœurs tribales.

Jihad

Effort sur soi ou sur les autres pour propager l'islam dans le monde par tous les moyens, violents ou non violents. Le jihad signifie aussi « guerre sacrée » que la *chari'a* prescrit contre les infidèles.

Jilbeb

Tenue ample et longue qui couvre le corps d'une musulmane à l'exception de son visage et de ses mains.

Malékite (école)

Une des quatre écoles de l'islam sunnite, et la plus suivie en France. Elle est considérée comme ouverte aux interprétations personnelles des textes.

Mollah
Titre religieux, surtout employé en Asie pour désigner un professeur en religion.

Moujahidine (singulier : Moujahid)
Combattants du jihad.

Mou'mina
Mot arabe qui veut dire « croyante » ou « pieuse ».

Mufti
Expert légal en religion. Il a le pouvoir d'interpréter officiellement les textes.

Niqab
Tenue qui couvre intégralement le corps et le visage d'une musulmane ne laissant apparaître que ses yeux.

Oulémas
Pluriel de *alim*.

Oumma
Communauté des croyants ou nation musulmane.

Qiyas
Raisonnement par analogie pour interpréter les textes.

Ra'y
Jugement personnel de savants ou de juristes dans l'interprétation des textes.

Salaf al-Salih
Compagnons du Prophète, ou les pieux ancêtres.

Salafistes
Adeptes de l'islam des origines. Les salafistes prétendent

reproduire dans leur vie quotidienne les faits et gestes du Prophète et de ses compagnons.

Shâfi'ite ou Chaféite (école)
Voir chaféite.

Soufisme
Doctrine mystique de l'islam.

Sunna
Ensemble des paroles et des actes du prophète Mahomet.

Sunnites
Courant majoritaire de l'islam. Celui qui se considère comme le représentant de l'orthodoxie musulmane face au chiisme.

Tabligh
Signifie « propagation de la foi » en arabe. Il désigne un mouvement intégriste né en Inde.

Tafsir
Exégèse des textes sacrés.

Tchador
Signifie « drap » ou « voile » en persan. Il est généralement noir et couvre intégralement le corps d'une musulmane à l'exception du visage et des mains.

Tchadri
Synonyme de burqa, longue tunique noire qui couvre tout le corps, y compris le visage.

Wahhabites
Disciples du prédicateur Ibn Abdel Wahhab et adeptes de la doctrine rigoriste de l'islam telle qu'elle est appliquée en Arabie Saoudite. Les Frères musulmans et les salafistes s'en inspirent.

Remerciements

Merci à vous qui m'avez fait confiance et ouvert votre cœur. Vous que j'ai pu citer et vous dont j'ai dû taire l'identité tant le sujet de l'islam et du voile déchaîne les passions dans ce pays pourtant si généreux.

Merci aux amis : Anne-Marie Capomaccio et Alain de Pouzilhac qui m'ont alertée en temps réel, chaque fois que la question de la laïcité surgissait dans un média français, avec commentaires et réactions. Fiammetta Venner, qui a partagé ses informations et ses opinions. Hayet Bahri, qui m'a éclairée à partir de Londres. Michèle Cotta et Philippe Barret qui m'ont aidée à mieux comprendre. Merci à Mohamed Al Huraish pour ses recherches et ses vérifications des sources.

Je remercie tout particulièrement Stéphanie Chevrier, Aurélie Michel et Inès Bonnafont pour leurs précieuses contributions, leurs conseils et leurs relectures si rigoureuses.

Table

Introduction 9
Le voile est-il obligatoire ? 23
Le voile et l'Occident 35
Apprentissage de la religion 47
Quelle place pour la laïcité
dans les pays arabes ? 63
Le voile symbole de soumission ? 79
Les crises du voile à l'école 99
Le voile au travail 115
Islamophobie 133
Les politiques et le voile 145
Camille, une histoire de conversion 163
La Oumma 179
La morale laïque 199
Conclusion 215

Annexes
Entre autres lois relatives
au port des signes religieux 225
Lexique 231
Remerciements 237

RÉALISATION : NORD COMPO À VILLENEUVE-D'ASCQ
IMPRESSION : CPI FIRMIN DIDOT À MESNIL-SUR-L'ESTRÉE
DÉPÔT LÉGAL : SEPTEMBRE 2013. N°111157 (119318)
IMPRIMÉ EN FRANCE